古典
新读

《庄子》：化鸡告时

[日] 中岛隆博 著

王孙涵之 译

Simplified Chinese Copyright © 2022 by SDX Joint Publishing Company.
All Rights Reserved.
本作品简体中文版权由生活・读书・新知三联书店所有。
未经许可，不得翻印。

SOSHI: TORI TO NATTE TOKI O TSUGEYO by Takahiro Nakajima
2009 by Takahiro Nakajima Originally published in 2009 by Iwanami
Shoten, Publishers, Tokyo.
This simplified Chinese edition published 2022 by SDX Joint Publishing
Co., Ltd., Beijing by arrangement with Iwanami Shoten, Publishers, Tokyo

图书在版编目（CIP）数据

《庄子》：化鸡告时／（日）中岛隆博著；王孙涵之译．—北京：生活・读书・新知三联书店，2022.5
（古典新读）
ISBN 978-7-108-07354-9

Ⅰ．①庄…　Ⅱ．①中…②王…　Ⅲ．①道家②《庄子》-研究　Ⅳ．① B223.5

中国版本图书馆 CIP 数据核字（2022）第 010275 号

责任编辑	赵庆丰
装帧设计	薛　宇
责任校对	张国荣
责任印制	张雅丽
出版发行	生活・讀書・新知 三联书店
	（北京市东城区美术馆东街 22 号 100010）
网　　址	www.sdxjpc.com
图　　字	01-2018-4521
经　　销	新华书店
印　　刷	三河市天润建兴印务有限公司
版　　次	2022 年 5 月北京第 1 版
	2022 年 5 月北京第 1 次印刷
开　　本	850 毫米 × 1168 毫米　1/32　印张 5.75
字　　数	116 千字
印　　数	0,001-5,000 册
定　　价	39.00 元

（印装查询：01064002715；邮购查询：01084010542）

羽人（日神、月神）
据《巴蜀汉代画像集》（文物出版社，1998）

目 录

凡　例　/ 1
中文版序　/ 2
序　言　/ 4

第一部分　书籍的旅程
《庄子》的古今东西

第一章　《庄子》的系谱学　/ 11
第二章　中国思想史中的《庄子》解读
　　　　——近代以前　/ 16
第三章　近代中国哲学与《庄子》
　　　　——胡适与冯友兰　/ 53
第四章　欧美的《庄子》解读　/ 70

第二部分　畅游作品世界
以物化的核心为主线

第五章　《庄子》的语言思想
　　　　——共鸣的口说　／97

第六章　闻道之法
　　　　——道在屎尿　／115

第七章　物化与齐同
　　　　——世界自身的变化　／127

第八章　《庄子》与他者论
　　　　——鱼之乐的结构　／138

第九章　化鸡告时
　　　　——从束缚中得到解放　／154

跋　／167

参考文献　／170

《庄子》篇名一览　／180

凡 例

1. 书中《庄子》引文，作者以《庄子集释》（郭庆藩撰，王孝鱼校点）为底本译作日语。今据底本回改为中文。《庄子》以外古籍，亦据通行本改为中文。

2. 作者所引西文文献，或据日译本，或据原书译为日文。中文翻译时，为统一文风，在参考西文原书及现有中译本的同时，优先从日文译出。另外，为方便读者参照，引文下附注现有中译本的页码。至于近现代中文文献，则径改为中文原文，并标注中文本页码。

3. 对于翻译成中文后，容易混淆的词语或概念，译者适当括注外文原文，如"口说"（oralité）。

4. 着重号为作者所加；引文中原作者的强调，以下划线表示。

5. ［ ］为引文原译者的补充，〔 〕为作者的补充。

6. 日文书名、论文名在正文中均为中文。日文原名等详细信息，参见"参考文献"。

中文版序　迈向新的未来

首先，我要感谢所有阅读本书的中国读者。《庄子》是中华文化的重要遗产，同时也是人类的共同遗产。在本书中，我试图在世界哲学的语境里，打开《庄子》，让其极富启发性的思想与现代哲学对话。

我想，对于大家来说，世界哲学这一概念，可能有些陌生。近年来，在世界文学和世界史的概念下，人们重新审视了西方中心主义的文学观、历史观，区域文学和区域史已不再是以往西方视角下具有特殊性的产物。在更为广义的世界交流中，区域文学和区域史被重新解读，其活力被重新理解。与之相同，批判西方中心主义的哲学观，从世界哲学这一概念出发，重新定位中国哲学，则是我的尝试。尽管在写作本书时，我还没有世界哲学的概念，但本书所作的讨论，正是以世界哲学的视角来重新解读《庄子》。

在《庄子》一书中，我特别关注的是"物化"这一关于变化的问题。西方哲学，自希腊以来的"第一哲学"，其首要问题是，因必然性而存在的本质或神性；而以变化为他物作为主题的《庄子》,则呈现了一个完全不同的问题系。而且,在西方哲学自身的解构过程中,对本质主义的批判,以生成变化论代替存在论的主张,这些讨论也与《庄子》多有重合。不仅是自我变化为他者,世界自身也同时在发生变化——《庄子》的哲学想象,也能与现代解构主义哲学对话。

我认为翻译者王孙涵之先生的精彩的中文翻译,不仅仅是翻译,更是一种创造性的改写。借用瓦尔特·本雅明的话来说,这一工作是把用日语写成的拙著,从语言牢笼中解放出来,并拯救它。在此表示由衷地感谢。

相信通过对《庄子》的解读,我们能够宣告新的未来的到来。届时,我们将一同让现在的存在状态发生变化,从而实现更为解放的系联。而下一个读《庄子》的人,正是你。

中岛隆博

序　言

在近代以来的日本人中，如果要举出一个喜欢《庄子》的人，我会不由得想到汤川秀树（1907—1981）。汤川说，在其少年时代特别喜欢《庄子》，曾反复翻阅。而成为研究者后，一次他正在思考基本粒子，忽然想起《庄子》中的一段文字。这就是《应帝王》中浑沌的寓言。汤川是这样翻译的：

南海的帝王名叫儵，北海的帝王名叫忽。儵、忽两字，似乎均是速度非常之快，又或是奔跑的意思。将儵、忽合成一词，则有忽然、转瞬之意。而中央的帝王，名浑沌。

有一回，北海及南海的帝王，来到浑沌的领地上聚会。浑沌由衷地款待了儵、忽二人。儵、忽商量着如何答谢浑沌，说：人都有七个窍穴，眼、耳、口、鼻，通过这些窍穴，来看，来听，来饮食，来呼吸。但是，只有浑沌是个脸上什么都没有的怪物，这也太不便了。他那么可怜，作为答谢，我们试着为他挖开窍穴吧！于是，两人每天给浑沌挖一个窍穴，就这样过了七天，浑沌便死了。

汤川秀树《庄子》，《汤川秀树著作集（六）——读书与思索》，第24页在此之上，汤川将浑沌的寓言，与最尖端的基本粒子理论结合在了一起：

最近，这则寓言好像变得比以往更加有趣了。儵、忽就像基本粒子，由于两者平常能够自由跑动，因而相安无事，一旦从南北各自跑来，则会相遇于浑沌的领地，发生基本粒子碰撞。如此想来，某种二元论便浮现于眼前，而浑沌也可以说是容纳基本粒子的时间与空间。《庄子》的这则寓言，似乎也能作这样的解释。

同前，第25页

当然，汤川并不是说，《庄子》的思想可以直接用于现代科学的最前沿，否则这与服膺于老庄思想的卡普拉，在《物理学之"道"》（1975）[1]中关于"新科学"的议论，没什么不同。而汤川并非如此，为了对基本粒子的构造进行合理说明，他从《庄子》中得到一种"打破常识桎梏的思考方式"。这种思考方式，既不是极端的科学实证主义，也不是极端的实证主义批判：

虽然不像庄子知鱼乐那样简单，但我想，知晓基本粒子之心的一天，终会来临。不过，为了实现这一目标，我们或许要尝试打破常识桎梏的思考方式，不应提前否定这种思考方式的可能性。

汤川秀树《知鱼乐》，《汤川秀树著作集（六）——读书与思索》，第58—59页

[1] Fritjof Capra, *The Tao of Physics*, Shambhala Publications, 1975. 中译本：F. 卡普拉著，朱润生译《物理学之"道"：近代物理学与东方神秘主义》，北京出版社，1999。

此处所说的"知鱼乐",乃取自《庄子·秋水》。汤川是这样翻译的:

>　　有一回,庄子与惠子一同到河边散步。惠子是一个知识渊博,喜欢辩论的人。当两人来到桥上,庄子说:"鱼在水面上悠悠而游,这正是鱼的快乐。"惠子立刻反驳道:"你不是鱼,怎么知道鱼的快乐?"庄子说:"你不是我,怎么知道我不知道鱼的快乐?"惠子说:"我不是你,因此不知道你的心思。你也不是鱼,因此你也不知道鱼的快乐。怎么样,我的论证是不是天衣无缝?"庄子答道:"不如让我们回到讨论的根本,你说我'你怎么知道鱼的快乐'的时候,你已经知道我是否知道鱼的快乐了。而我是在桥上知道了鱼的快乐。"
>
>　　　　　　　　　　　　　　　　　　　　同前,第56—57页

　　知道鱼的快乐,是不是比知晓基本粒子之心更加容易,我不得而知。而《庄子》有没有"打破常识桎梏的思考方式",对此我也有所保留。即便如此,《庄子》的启迪却是十分深远的,跨越时间、地域以及专业领域,最终影响到了汤川秀树。

　　为了把握《庄子》启迪人思的力量,即使部分也好,在本书的第一部分,笔者将会概览《庄子》一书曾给予古今东西的读者怎样的思想碰撞。其中最为用力之处,乃是将西方中国研究中的《庄子》——这一对于普通读者较为陌生的领域——介绍给读者。庄子不单属于东方,而且也是值得全世界共同传承的遗产。

第二部分，则是在第一部分《庄子》解读的问题结构之上，尝试对《庄子》进行新的解释。与其说是对旧有解释的批评，不如说是想让今天的读者能够感受到《庄子》中丰富的可能性。这是以我的方式，来尝试"打破常识桎梏的思考方式"。读者若能借由本书，去思考"庄子之心"，而非"基本粒子之心"，即是笔者最大的荣幸。

第一部分

书籍的旅程

《庄子》的古今东西

第一章 | 《庄子》的系谱学

不是"老庄"

《庄子》这本书并非成于一时,亦非出自一人之手。不过可以确定的是,书中的不少部分与庄子(庄周)这一人物有关。首先让我们看看庄子是怎样被人们所传述的。

司马迁《史记·老子韩非列传》中,对庄子有以下记载:

> 庄子者,蒙人也,名周。周尝为蒙漆园吏,与梁惠王、齐宣王同时。其学无所不窥,然其要本归于老子之言。故其著书十余万言,大抵率寓言也。作《渔父》《盗跖》《胠箧》,以诋訾孔子之徒,以明老子之术。

其实,正如诸家所论,《史记》的这一记载难以作为史实来看待。司马迁在《老子韩非列传》中,首先将孔子与老子放在一起,并把老子置于孔子之先,其后则如前文引述的那样,将庄子描写成了老子的承继者。不过,由于司马迁的父亲司马谈舍弃了当时流行的"黄老"概念，代以新发明的"道家"（司马迁《史记·太史公自序》"论六家要旨"），为了强化"道家"的概念，《史记》就以《庄子》中所收若干逸事为基础，改编而形成了虚构的文本。"老庄"一名，最早见于《淮南子·要略》（到3世纪至4世纪的魏晋时期，"老庄"之名才变得较为普遍），《史记》很可能是受其启发，并称"老庄申韩"，从而建构出"道家"这一概念（池田知久《老庄思想》，第15—29、88—97页）。

如此，我们必须重新审视《史记》所述由老子到庄子的这一连贯的"老庄"概念。根据目前的研究，很有可能，《庄子》一书形成于战国中期到西汉武帝时期（前141—前87年在位），庄子是在其成书过程中发挥了重要作用的其中一位思想家，而《老子》一书形成于战国末期到汉初，老子是对其成书有所贡献的其中一位思想家（同前，第31—32页）。

另外，今天被我们称为《老子》的这一著作，由1973年马王堆汉墓出土的《帛书老子》来看，其书至汉代初期为止，一直是以《德篇》《道篇》之名流传于世，并未被称作《老子》。以老子之名来称呼其书，这一习惯始于《淮南子》《史记》等武帝时期的著作。因而有人认为，在这一时期老子与《德篇》《道篇》相结合，从而有了《老子》一书（泽田多喜男《老庄其人与其书》，加地伸行编《老庄思想指南》，第10—12页）。

总而言之，由老子到庄子，或者说由《老子》到《庄子》的继承关系，并不成立。因而，在"老庄"这一后出且最为通行的概念下，我们很难把握庄子其人与《庄子》其书。就此问题，法国知名中国学学者程艾兰（Anne Cheng），在其《中国思想史》（Anne Cheng, *Histoire de la pensée chinoise*）中这样说道：

> 传统上一般认为，在道家之中，庄子是老子之后的第二位祖师。老子与孔子是同时之人，生活在公元前 6 至前 5 世纪左右。但是，仔细阅读文本，则会对这一传统说法产生怀疑，认为应当调转两者的顺序，《庄子》内篇是公元前 4 世纪的书籍，而《老子》则应当置于其之后，大约是公元前 4 世纪末或公元前 3 世纪初的书籍。由此看来，《庄子》与《老子》的文本，体现了战国时期哲学思考的两个不同阶段。即《庄子》的核心部分（与名家及〔儒家的〕孟子），代表的是第一阶段的思潮。而《老子》（与〔儒家的〕荀子及法家）则具有第二阶段思潮的特征。
>
> 程艾兰《中国思想史》，第 102—103 页

程氏在此所用的是英国中国学学者葛瑞汉（Angus Charles Graham）的说法："由于《庄子》内篇没有任何熟知《老子》的确证，所以《老子》成书应在《庄子》之后，尽管没有正面的证据说明它是晚出的。"（葛瑞汉《论道者：中国古代哲学论辩》〔A. C. Graham, *Disputers of the Tao: Philosophical Argument in Ancient China*〕，第 217—218 页）[1] 在此说基础上，程氏将《老子》和《庄子》的顺序调换，主张《庄子》内篇编纂于公元前 4 世纪，《老子》则编纂于公元前 4 世纪末或公元前 3 世纪初（程艾兰《中国思想史》，第 103 页）。

---

[1] 中译本见张海晏译《论道者：中国古代哲学论辩》，中国社会科学出版社，2003 年，第 253 页。

那么，为何以往的观点，将由《老子》到《庄子》这一先后次序视作前提呢？程氏对此有以下推断："权力的技巧与战略，以及探求长生不老的方法，是秦汉帝国成立前夜的重要主题。与《庄子》相比，这一主题在《老子》之中，更具有核心地位。或因为这一点，决定了两书的先后。"（同前）换言之，即较诸《庄子》，《老子》更加切合汉初的政治上的问题系，由此产生了"老庄"这样的说法。

如此说来，《庄子》的问题系是什么？程氏认为，应是"思辨、静观的"（contemplative）问题系（同前，第176页）。即"由哲学层面考察语言及论辩理性间的相对性"，从而揭示出在两者的确定性瓦解之后遗留下的"自然"（同前，第122页），这就是《庄子》最为关心之事。不过，具体而言这一问题系究竟是怎样的？在进入讨论之前，让我们先了解一下《庄子》一书的结构。

《庄子》的诞生

与中国的其他古代文献一样，《庄子》也有着漫长的编纂史。

在谈及庄子的文献中，最早的是《荀子·解蔽》以及《吕氏春秋》中的《去尤》和《必己》。也就是说，在公元前3世纪中叶，《庄子》的部分文本已为人所知。至于汉代，如前述《史记·老子韩非列传》所言，庄周著书"十万余言"，可见当时的《庄子》文本，应该颇为庞大。待到现存最早的图书目录《汉书·艺文志》,则谓"《庄子》五十二篇",可知经过西汉末年刘向的编纂,《庄子》文本方得以正式确立。

这一五十二篇本的《庄子》,至唐代似乎仍有留存。在反映唐初及之前情况的陆德明《经典释文》中,有"司马彪注二十一卷五十二篇""孟氏注十八卷五十二篇"的记载。需要说明的是,在司马彪本的二十一卷中,其中十八卷是五十二篇的内容,分作"内篇七、外篇二十八、杂篇十四、解说三",而余下三卷,则与音释有关。另外,《经典释文》中还记录有崔譔注十卷二十七篇(崔譔本由"内篇七、外篇二十"所构成)、向秀注二十卷二十六篇,今均不传。

最终,作为现行本流传至今的,是西晋郭象(约252—312)在参考二十七篇(二十六篇)本的同时,对五十二篇本加以重新编排的版本,即郭象注三十三卷三十三篇本。

郭象本由"内篇七、外篇十五、杂篇十一"构成。其内篇篇数,与其他已经失传的版本相同。从这点来看,或许可以认为,内篇乃《庄子》一书最为"固有"的文本。但是,既然内、外、杂三者的区分,乃形成于编纂之中(很可能源于刘向的编定本),如此则未必能够断言,内篇文本一定就能反映《庄子》的本来面貌。

第二章 | 中国思想史中的《庄子》解读
——近代以前

程艾兰所说的"思辨、静观的"问题系，具体而言是怎样的？为了寻求其线索，首先让我们概览一下，在中国思想史中，学者们是如何定义《庄子》的。

"庄子蔽于天而不知人"——《荀子》

"庄子蔽于天而不知人"（《荀子·解蔽》）。荀子这一脍炙人口的批评，简单明快地说出了庄子在古代中国的地位。换言之，庄子依旧是被"天"所束缚而不能知"人"，而荀子则能离"天"而明"人"。

在古代中国，很难找出一个完全脱离"天"的思想流派。即使对于"天"的内涵，各个学派有不同解释，但一直将"天"视作"人"的领域的基础。譬如，儒家中孔子讲"天命"，墨家中墨子讲"天志"。而作为庄子在思想层面上的竞争对手——孟子（即使孟子全未言及庄子），也时常谈及"天"。如此说来，荀子对庄子的批评,似乎稍显严苛。

不过,荀子的核心问题是,在孟子之后,如何来重新审视"天""人"关系。而庄子则似乎对此并不敏感。孟子通过"性"这一概念,重新将"天"与"人"联系起来,试图证明"人"的领域的独立性(特别是在伦理方面)。而荀子自身,虽然在解决"天""人"关系问题上的手段与孟子不同(主张"性恶"及"伪〔人为〕"),但同样是强调要探求"人"的独立领域,切断"天"与"人"的关系。与之相对,在荀子看来,庄子是彻底地执着于"天",并不想开拓"人"的领域。

那么,对于"天""人"关系这一问题系,庄子是否如同荀子所认为的那样,是毫不关心的呢?杨国荣《庄子的思想世界》,特别是第一章《天人之辩》,对此问题有所梳理。以下在参照其书的同时,尝试思考这一问题。

庄子,一方面想要维护"人"的独立领域:

> 夫有土者,有大物也。有大物者,不可以物;物而不物,故能物物。明乎物物者之非物也,岂独治天下百姓而已哉!出入六合,游乎九州,独往独来,是谓独有。独有之人,是谓至贵。
>
> 《庄子·在宥》

在此,庄子试图从存在者("物")中,抽出"人"的概念,并加以区别。也就是说,与其他的存在者不同,"人"掌握着"支配万物"(物物)的主导权,而不被物所支配("不物")。此外,庄子还有"不以物害己"(《庄子·秋水》)的说法,因而庄子未必是"不知人"。

但在其他地方,庄子也有让"人"去迎合"天"的一面:

> 礼者,世俗之所为也;真者,所以受于天也,自然不可易也。故圣人法天贵真,不拘于俗。
>
> 《庄子·渔父》

不被物所支配的"人"("圣人"乃其象征),推崇的不是作为世俗规范的"礼",而是"受于天"的"真"。不仅如此,庄子还讲"法天",认为理想的"人"应当是与"天"合为一体的。其实,庄子常常使用"天人"(《庄子·天下》《庄子·庚桑楚》)这一说法,并断言"人与天一也"(《庄子·山木》)。

话虽如此,但如何才是"法天"?这显然不是"以人助天"(《庄子·大宗师》)、"以人入天"(《庄子·徐无鬼》)那样能动的手段。儒家设想人通过能动的努力(譬如孟子的"尽性"),可以"参天地",但庄子却并不认同:

> 不开人之天,而开天之天,开天者德生,开人者贼生。不厌其天,不忽于人,民几乎以其真。
>
> 《庄子·达生》

通过区别"人之天"与"天之天",庄子否定了"人之天",

即人类可以能动地参与的"天"。在《庚桑楚》中，庄子甚至说"全人""恶（憎恶）人之天"。那么，什么是"天之天"呢？如庄子所言，"天之自高，地之自厚，日月之自明，夫何修焉"（《庄子·田子方》），"天之天"即与"人"无关的"自然"（自然而然）。

既然如此，则"法天"一事，只能是被动的。"人"被"天"所通贯，被"天"所支配。"不厌其天，不忽于人"，则可以"法天"。单从这点来看，诚如荀子所言，不得不说庄子是"蔽于天"。

然而，如前所言，庄子未必是"不知人"。那么《庄子》之中，是否有不"蔽于天"的可能性呢？换言之，连"天之天"都能逃脱的"人"，难道是没有自由的吗？本书第二部分讨论的中心，正是围绕着这一问题来展开。

"无"的思想

在进入第二部分之前，先让我们继续追溯在近代之前中国的《庄子》解读。前章讨论《庄子》的成书过程，曾言及郭象本。郭象，是《庄子》注家中有注释留存的最早的思想家。之所以说最早，是因为在郭象之前的诸多注释，今已不传。

那么，作为注释者的郭象，是如何解读《庄子》的呢？一言以蔽之，即通过"自生独化"来肯定礼教秩序。关于其含义，且看堀池信夫简明扼要的说明：

进入魏晋时期,"无"在回避其与物质(气)的关系的同时,走上了纯粹的抽象逻辑化的道路。魏人何晏继承《老子》,把"道"规定为"无",谓"道本无名",认为道超越言表,并以为"有之为有"乃"恃无",确立了"无"在存在论上的位置。

魏人王弼的"无",基本来自于何晏。但是,他较何晏更进一步,把带有生成论性质的"道",与"无"分别开来,进而严肃地追问"无"的属性,即"无"〔没有〕的意义。他将"有"的阙如、无形,或是系词(copula)所带有的存在性质等牵扯在"无"上的存在者性,彻底削去,以独创的方法,进一步地精练了这一概念。他所说的"无",是其存在论探求下的产物,即"无"纯粹是逻辑上对存在者的支撑,使其得以存在,而存在于"无"中得以完整自足。

西晋郭象在其《庄子注》中,将存在论的根源者,全部排除,主张世界仅凭存在者"有"的自然地自生自化——"独化",便可成立。对于能够"独化"的"有"而言,并不需要根源者。郭象认为"无",就是表明"无"〔没有〕这样的根源者。郭象这一独特的"无"的思想,是把王弼对属性"无"〔没有〕的追求,进一步推到"无"的概念及其自体的结果。

堀池信夫《无》,《岩波 哲学·思想事典》,
岩波书店,1998年,第1562页

《庄子》以及所谓的"老庄思想",经常被认为是"无"的思想而为人们所熟知。在这段引文之前,堀池说"'无'是老庄

思想中的基本概念之一"（同前，第1561页）。而关于《庄子》，他说："在《庄子》之中，所谓的'无为自然'，是存在者'有'的原本的'万物齐同'之象；而所谓的'无'，则是否定差异对立中的一切有限的存在者，通过否定之否定，最终达到'万物齐同'，即主、客等一切事物皆能融合充足。"（同前）如此，堀池明确了《庄子》中是有"无"的思想的。

那么，"老庄思想"的"无"又是什么呢？根据堀池所论，"无"首先是"'有'的阙如"，或者说是"无形"，说到底就是"无"与物质相关，以表示物质的不存在。然而，至少就《庄子》而言，像堀池所说的"无"的思想，并未形诸文字。而"无为"、"自然"以及"无形"，则屡屡被《庄子》论及。同时，"无"与"有"的对立在《庄子》中也时有登场，但"无"并未作为一个精练的哲学概念被使用。总而言之，《庄子》中的"无"的思想，不过是在"老庄思想"这一概念登场，特别是六朝时期的讨论，推进了《老子》解读中"无"的概念化之后，由后世追溯而来的。

那么，在六朝时期，"无"的思想是怎样被概念化的呢？最为典型的解释，就是先前引用的堀池信夫的定义。即由"无形"到作为"存在论的根源者"的"无"这一概念化的过程。而这一概念，是由注释《老子》的魏人何晏（190左右—249）及王弼（226—249）所逐步深化的。既然说是"存在论的"，那么这一"无"并不是存在者，而是存在者得以成为存在者的条件。"无"既不是"'有'的阙如"也不是"无形"，它与物质无关。而且,"无"还被从"道"中区分开来,抬高到"道"之上,成了"根源"。

虽说如此,堀池此处并非没有文献解读上的问题。《老子》第八章王弼注云:"道,无。"也就是说,"无"并未被视为超越"道"的概念。而且,《老子》第三十四章注云:"万物皆由道而生,既生而不知所由。"将此一注释,与《老子》第一章注"凡有皆始于无,故未形无名之时,则为万物之始"合观,很难说王弼对"道"与"无"有严密的区分。另外,从王弼用"无"代替"未形无名"来看,也很难认为王弼对"无"与"无形"有所区别。

因此,将"无"抬高到"存在论的根源者"这一对王弼的解读是否正确,还需要谨慎考量。当然,王弼欲将"无"概念化,并以之作为《老子》解读的关键,这一点是可以肯定的。因而,或许可以说,至少在"老庄"中的《老子》,是存在"无"的思想的。

郭象与"有自欻生"

那么,郭象以及其《庄子注》是怎样的呢?颇为有趣的是,与王弼抬高"无"不同,郭象是站在王弼的对立面一边。在先前的引用中,如堀池所言,"郭象认为'无',就是表明'无'〔没有〕这样的根源者",即对于郭象而言,"无就是没有"。这也就意味着，作为"无形"或者说"存在论的根源者"，以支撑"有"使"有"得以运作的"无"，被郭象从"有"中分离开来，"有"变成了"有"得以存在的基础。

无既无矣，则不能生有；有之未生，又不能为生。然则生生者谁哉？块然而自生耳。……故物各自生而无所出焉。

郭象《庄子·齐物论》注

夫无不能生物。

郭象《庄子·天地》注

无者遂无，则有自欻〔忽然〕生。

郭象《庄子·庚桑楚》注

郭象认为，"有"是能够"自生独化"或者"自化"的，即是"自然"。"有"并不依傍于"无"，"有"的自体即足以作为其绝对的基础。换言之，"有"自身具备其存在的基础，可以自我设定。

那么，郭象将"有"视作"独化"或"自然"，使"有"得以自我设定，这是为了什么？且看以下的引用：

夫物未尝以大欲小，而必以小羡大，故举小大之殊各有定分，非羡欲所及，则羡欲之累可以绝矣。夫悲生于累，累绝则悲去,悲去而性命不安者,未之有也。

郭象《庄子·逍遥游》注

天地者,万物之总名也。天地以万物为体,而万物必以自然为正,自然者,不为而自然者也。故大鹏之能高,斥鷃〔鹌鹑〕之能下,椿木之能长,朝菌〔蘑菇〕之能短,凡此皆自然之所能,非为之所能也。不为而自能,所以〔以自然〕为正也。

郭象《庄子·逍遥游》注

言性各有分,故知者守知以待终,而愚者抱愚以至死,岂有能中易其性者也。

郭象《庄子·齐物论》注

物虽有大小之别,但"各有定分"。具体而言,如同"大鹏"与"斥鷃","椿木"与"朝菌"互有相异之处,这是"自然"而形成的。而对于人类,也有"知者"与"愚者"这样两种不同的"性"。

总而言之,郭象想要实现的,是一个万物均有定"分",自"性"得以自足的世界。"有"既然能够自我设定,那么在这种存在状态之外的人为介入,是不可能的。

如此看来,若将郭象的理论应用到人类社会,则很容易得出这样的结论,即无条件地肯定现状。具体来说,即对于当时受儒家"名教"或是"礼教"等阶级秩序所支配的现实,郭象之说似乎不具有批判力。但是,确实是这样的吗?

"自然"是不肯定现状

郭象所用的"自然"这一概念,由于竹林七贤之一的魏人嵇康,而带有激进的色彩。嵇康说"越名教而任自然"(嵇康《释私论》),否定"名教",即仁、礼所代表的儒家的现实秩序,而听任于社会制度出现之前的"自然"。

不过,郭象把事物与人的"性"视作"自然",故谓"夫仁义者,人之性也"(郭象《庄子·天运》注),"夫仁义自是人之情性,但当任之耳"(郭象《庄子·骈拇》注)。换言之,借由郭象"自然"这一概念,以往被否定的代表儒家秩序的仁义,重新得到了肯定。

仅看这一点的话,郭象的《庄子》解读,其所起到的作用,无非是把《庄子》拉到肯定儒家现实秩序的一边。对于这一点,强调"老庄思想"反儒家性质的森三树三郎有如下的批评:

> 总体来看,郭象注赞同"外篇""杂篇"中"自足""自得"的思想,即"按照自己被赋予的性分"的这一主张,并有将其延伸至"内篇"注释的倾向。其后,郭象主动接近当时的权力者东海王司马越,这一与老庄思想家身份相悖的举动,使其名声大落。我认为这与郭象的自得思想,不能说没有关系。
>
> 森三树三郎《老子·庄子》,第145页

森氏提出了这样一个问题,即郭象的"自得"思想很可能就是其主动接近权力的根据,并间接导致了其"与老庄思想家身份相悖的举动"。

然而,郭象的《庄子》解读并不局限于此。之所以这样说,是因为通过"自生独化""自然""自得"等概念,我们不难想象还有其他更大的变化存在其中。这与郭象将"无"即"存在论的根源者"从"有"中分离出来,颇有关系。若将"无"设定为根源,而且是终极的根源的话,那么其所形成的"有"的世界应该是难以动摇的。而如果想要批判这一"有"的世界,只要把"无"这一根源摆到前面,即可扫除一切。嵇康的"自然"正是这样的"无"的替代品。

可是,郭象则将"有"从种种根源者中分离出来,使其自我设定。"有"的概念中再无其他前提。既然如此,则"有"的世界绝非永恒不变的。也就是说,在"分""性"之中,时常会出现偶然性的身影。"大鹏之能高,斥鷃之能下,椿木之能长,朝菌之能短",对于"大鹏"等众物而言,或许有其他的存在状态,但在现实之中,因为偶然地选择了如此的"分""性",所以其存在状态成为必然。

在此应该思考的是,郭象对"齐同"及"物化"的解释。虽然后面还有进一步的考察,但一般来说,《庄子》的"齐同"被认为是无差别,即没有大小的区别,也没有"性"的差异。然而,郭象对"齐同"的解释则是,由"大"自足于其大而成立的这个世界(与其他世界绝对分离),与由"小"自足于其小而成立的这个世界，二者相同。因此，对郭象而言，"齐同"并非无差别。

>所谓"齐"者，岂必齐形状，同规矩哉！故举纵横好丑，恢恑憰怪，各然其所然，各可其所可，则理虽万殊，而性同得。故曰"道通为一"也。
>
> 郭象《庄子·齐物论》注

>万物万形，同于自得，其得一也。
>
> 郭象《庄子·齐物论》注

郭象认为万物如果皆能"然其所然""可其所可"，则能自得其"性"。而如其所言"其得一也"，即取得"自得"的方法是同一的，因此郭象并没有消解差异本身的企图。

重要的是，在"齐同"之际，"物化"也随之而生。也就是这个世界通过某种方法，变化到另一个这个世界。而即使是前述"岂有能中易其性者"的"性"，也能有所变化。郭象是这样说的：

>〔古之真人〕与化为体。
>
> 郭象《庄子·大宗师》注

>夫仁义者，人之性也。人性有变，古今不同也。
>
> 郭象《庄子·天运》注

仁义为"性",但"性"也能有所变化。作为理想的人类,即等同于神仙的"真人",是可以"与化为体"的。如此看来,我们或许可以这样解释,即郭象并非一味地肯定现状,由于现状这一概念并不具有前提条件,因此他设想现状是有变化的可能的。换言之,郭象认为,通过贯彻本"性",人也有变化其"性"的可能。关于这一可能及其意义,在第二部分将会再做考察。

佛教与"万物齐同"

在《庄子》的解读史中,一定不能遗漏的,是其书与佛教的关系。中国开始全面接受佛教的时间,在郭象之后的东晋时期。虽然此前已有对佛经进行汉译的尝试,但直到东晋,佛经的翻译与解释才有了长足的进展。其特征,即借用对于佛教而言作为"外典"的中国典籍(特别是《老子》与《庄子》)的用语,来理解佛教,故被称为格义佛教。对此,森三树三郎有如下简单易懂的论述:

因此,他们〔东晋的中国知识阶层〕通过老庄中无的观念来理解般若之空。像这样使用外典的观念及其用语来理解佛教的方法,被称为格义。由于格义一语,始见于《高僧传》的竺法雅传,因此一般认为以格义来理解佛教的方法,始于东晋时期。但是,利用外典之语及其观念来表现佛教思想,这种尝试在东晋以前已经存在,早先在佛教经典的汉译之中,已经有所运用。譬如旧译中,涅槃译作"无为",真如译作"本无",均是以老庄的用语来充当梵文的翻译。并且,《无量寿经》的汉译、吴译、魏译中,多用"自然"及"无为自然"之语,均体现出其翻译的时期正是老庄全盛的时代。从这点来说,汉译佛经已经使用了格义的方法,具有浓厚的老庄色彩。

森三树三郎《老庄与佛教》,第137页

"涅槃"译作"无为","真如"译作"本无","菩提"译作"道","佛教"译作"道教","空"译作"无",借由此种汉译来理解佛教的方法,一直持续到鸠摩罗什的新译,方始结束。森氏认为,在这种背景之下,再加上通过鸠摩罗什的新译,般若"空"义为人们所了解,由此,反而让当时的人真正理解了《庄子》"万物齐同"之说:

僧肇以前的佛教徒,虽说学习老庄,但主要偏向于老子,极少能理解庄子万物齐同之说。甚至是这一时期流行的郭象《庄子注》,对《齐物论》的理解也并不充分,留有遗憾。因而此前的佛教徒不理解《庄子》万物齐同之说,确是无可奈何。而正当其间,有僧肇一人,能够充分理解庄子万物齐同之理,并借之达到了般若空义。

或者从反面来看,借由罗什及其译经的引导,僧肇达到了空义的本质,这为他理解庄子万物齐同之说,提供了帮助。无论如何,至于僧肇,终于对般若空义能有全面的理解,与此同时,庄子也终于得到了真正的知己。

同前,第156—157页

森氏对郭象的批评,已见于上节,就其根本而言,森氏对"万物齐同"的理解,被基于佛教之"空"的解释所阻碍。森氏将"万物齐同",等同于僧肇对"空"的理解,即"超越有无的相对性,并且能包含这种相对性的更高层次的绝对无差别的境界"(同前,第153页),反过来想从《庄子》中寻找"空"义:

> 因此,对于庄子的无,与其说无,不如说是无极、无限会更加准确。在无限的展开过程中,不仅彼此、前后、左右等位置上的对立差别会消失,善恶美丑等价值上的差别也会失去意义,一切变得平均,一切变得如一。这正是无限所带有的否定性的作用。但是,无限不单是否定,如其字面之义,还能无限地包容万物。因而,不会否定有、无的任意一方,而是全部无差别地予以肯定。这就是被称为万物齐同之说的含义。

同前,第156页

如同上述的引文所说,把相当于"空"的"高层次的无",视作"万物齐同",并将之解读为"绝对无差别",这种对于《庄子》"齐同"的解释,颇为流行。森三树三郎的解释可以说是其中的典型,但对于如此解释"齐同"的森氏来说,认为"无是没有"的同时，却肯定现实世界的郭象，其对《庄子》的理解，显然是难以接受的。于是，森氏对《庄子》的理解，进一步地被佛教所吸引过去：

> 能够承继庄子所留下来的课题〔指实现万物齐同的境界〕，并解决这一问题的，与其说是道家的后继，不如说是佛教的禅宗、净土宗。禅与净土，即使在中国佛教之中，也是特别有强烈中国特色的佛教宗派。流传于宋元明清时期的佛教，仅限于禅与净土，由这一历史事实，即可证明这一点。那么，禅与净土的"中国"元素是什么呢？一言以概之，就是庄子思想。禅与净土，虽然起源于印度佛教，但同时也受到了中国庄子哲学的深厚影响，可以说是像混血儿一样的佛教。而禅与净土想要解决的，正是庄子忘了说的"如何才能实现万物齐同"这一方法论的问题、实践论的问题。
>
> 同前，第30—31页

作为概念的"高层次的无"也好，作为"绝对无差别"的"万物齐同"也好，如果置于试图通过佛教，欲在哲学上超越西方哲学的近代日本哲学的脉络上来看，森氏抬高到先验维度的"高层次的无"的解释，或许是有意义的。然而，如同前文所述，从《庄子》文本来看，这一解释颇有不合之处，而且与包括郭象在内的古代注释中所展现的《庄子》世界并不一致。进一步来说，以这样的方式把佛教拉到《庄子》这边，对于中国佛教自身来说是否妥当，也颇存在疑问。

因此，有必要重新考虑，从佛教与《庄子》两者碰撞中，能够发现怎样的解读上的可能。为了解决这一问题，考察《庄子》是如何被运用于佛教主题，显然是最好不过的。

佛教中的《庄子》

这一论争，即是对于佛教是批判还是拥护这一问题，发生激烈冲突的"神灭不灭论争"。神灭不灭论争的焦点，在于如何对待身体与精神（灵魂）的关系。

站在批判佛教的一侧的，是著有《神灭论》的范缜。从《神灭论》这一标题就能知道，范缜主张"形（身体）"亡而"神（精神、灵魂）"灭。而作为其前提被范缜所提倡的，即是"形神相即"的理论。其将"形"（身体）与"神"（精神、灵魂）定义为"体"的两种不同说法。也就是说，从"用"（功能）的角度来说即是"神"，从"质"（实质）的角度来说即是"形"。既然如此，则"形""神"在实体上并无差别，只是在意思上有所差别而已，并非不同的事物。

与此相对，拥护佛教的人，则以为"形"与"神"是两种不同的实体，在此之上，认为两者并非"相即"，而是"合"或"合用"。

作为范缜的批判者，曹思文在其《难范缜神灭论》中，就

"形"与"神"的关系,如此说道:"是合而为用者也,而合非即矣。生则合而为用,死则形留而神逝也。""形"与"神"是分离还是合一,这一问题对于佛教徒而言至关紧要,对此问题,曹思文引用了《庄子》作为自己的论据。这是为了说明,在中国也早已存在与佛教相同的主张。曹思文引用了《齐物论》中的两则典故:

> 斯其寐也魂交,故神游于蝴蝶,即形与神分也;其觉也形开,蘧蘧然周也,即形与神合也。然神之与形,有分有合。合则共为一体,分则形亡而神逝也。
>
> 曹思文《难范缜神灭论》

两则典故之中,一则是为大家所知的庄周梦蝶(《庄子·齐物论》),还有一则,则是着重号所标示的部分,即"魂交"这一与他者交流(comunication)的典故("其寐也魂交,其觉也形开",《庄子·齐物论》)。

无论是梦蝶还是"魂交",均认为灵魂并非封闭于自己身体之内,而是原本就存在于与他者交流的过程之中,而其前提即是"形""神"分离。曹思文之所以引用这两则典故,是因为他认为,正是在梦——这一对现实有着强大还原[1]力的维度——之中,"魂交"才能充分地进行。在此之上,曹思文提出了"形""神"分离的主张。总而言之,对于曹思文来说,在《庄子》之中,梦,与梦中所凸显出的他者的灵魂交流,是被认可

---

[1] 本书"还原"一词,指的是"还原论"(Reductionism)的"还原",下同。

的，而这与佛教的主张有着共通之处。

同样的论点，见于又一重要的范缜的批评者——萧琛的议论之中：

> 予今据梦，以验形神不得共体。当人寝时，其形是无知之物，而有见焉。此神游之所接也。神不孤立，必凭形器。犹人不露处，须有居室。但形器是秽暗之质，居室是蔽塞之地。神反形内，则其识微昏，昏，故以见为梦；人归室中，则其神暂壅，壅，故以明为昧。夫人或梦上腾玄虚，远适万里，若非神行，便是形往邪？形既不往，神又弗离，复焉得如此？
>
> 萧琛《难神灭论》

正是因为睡着的时候，"神"从"形"中游离出外，"神"与"神"相"接"（交涉），才能在梦中有所闻见，行于远方。因此，萧琛认为"形"与"神"必然是能够分合的。

如此，在佛教徒的引用中，《庄子》变成了灵魂与他者交流的文字证据。最终《庄子》成为精神能离开肉体而存在的证明，并为轮回与三世报应等"令人惊异的新说"（森三树三郎）提供了保证。

范缜的反驳

反过来讲，范缜无论如何都必须要反驳的，就是"魂交"这样的交流论。首先，作为支撑"魂交"的论据——梦，范缜对之有以下的批评：

〔曹思文〕此难可谓穷辩，未可谓穷理也。子谓神游蝴蝶，是真作飞虫邪？若然者，或梦为牛，则负人辕辀；或梦为马，则入人胯下。明旦应有死牛死马，而无其物，何也？又肠绕阊门，此人即死，岂有遗其肝肺而可以生哉？又日月丽天，广轮千里，无容下从匹妇，近入怀袖。梦幻虚假，有自来矣。一旦实之，良足伟也。明结想霄，坐周天海，神昏于内，妄见异物，岂庄生实乱南园，赵简真登阊阖邪？外弟萧琛，亦以梦为文句，甚悉，想就取视也。

范缜《答曹录事难神灭论》

也就是说，范缜认为"梦幻虚假"，并非实在，因此不能作为其论据。

原来如此，这里被再次提及庄周梦蝶的故事，如果按照范缜的定义，也许就不是实在之事。然而，对于曹思文与萧琛而言，梦，是为了从变化——其自身即是真实的事情——来追问这个世界的存在状态而提出的一种路径，是揭示真实奥秘的一种夸张手法。那么，在此将实在作为判断标准的范缜，显然不足以驳倒二人。

当然，这并不是说，我们可以同意曹思文与萧琛由梦所推导出来的结论（形神分合、神不灭）。正如范缜所慨叹的那样，二人对神不灭的推导，不过是想用死后的痛苦与快乐，让人惧怕、欣慰，从而令佛教得益。

尽管如此，像范缜这样，仓促间把梦作为虚假之物加以屏退，不仅不能充分地把握这个世界的存在状态，而且还使得自己的形神相即论失去了立足之处。譬如，"形"与"神"若在实在之中有相即关系，那么表示"形"的名称与表示"神"的名称，两者必然是一一对应的，但实际却并非如此。并且，如果将判断是非的思虑视为"用"（作用），则范缜必定以"心器"这一实在且与"用"相即的"质"来作为回应，那么思虑就只对应于心脏这一特定的器官。然而，思虑这一功能，不仅是心脏，还与耳、目等其他的感觉器官密切相关，如此则在对应上有所龃龉。而且，思虑是否可以是从特定器官产生的，自由且不受限制的功能呢？对于这些批评，范缜并不能做出有效的反驳。

另外，范缜在其强辩之中曾说道，如果梦是真实的，那么梦醒之时当会有死马死牛的尸体出现，然而关于尸体，形神相即论却难以解释，好像尸体不是实在一样。而如果强以形神相即论来解释尸体，则会像又一范缜的批评者沈约所说的那样，不得不去承认有"死神"（死去的精神）的存在。最终，这暴露出范缜所说的实在性，是极其有限的，而其形神相即论能够解释的范围，也同样是有限的。

他者论的问题系

让我们回到原先的讨论之中。通过否定作为论据的梦，范缜想要反驳的正是"魂交"这一交流论。那么，对于"魂交"自身，范缜又是如何批评的呢？且看以下的引文：

〔思虑〕苟无本于我形，而可遍寄于异地，亦可张甲之情寄王乙之躯，李丙之性托赵丁之体。然乎哉？不然也。

范缜《神灭论》

思虑这一功能，是否不限于心脏这一特定器官，而应该是自由的呢？前文已经介绍了这一批评。此处的引文，正是范缜对其的回答。总而言之，范缜全面否定灵魂能够暂寄于他者身体之中的交流模式。"魂"不能超越身体来进行交流。

对此，前述的萧琛，批评范缜的理论忽视了与他者交流的可能性：

〔范缜《神灭论》〕又云："心为虑本，虑不可寄之他分。"若在于口眼耳鼻，斯论然也。若在于他心，则不然矣。耳鼻虽共此体，不可以相杂，以其所司不同，器用各异也。他心虽在彼形，而可得相涉，以其神理均妙，识虑齐功也。故《书》〔《说命上》〕称"启尔心，沃朕心"。《诗》〔《小雅·节南山·巧言》〕云："他人有心，予忖度之。"齐桓师管仲之谋，汉祖用张良之策，是皆本之于我形，寄之于他分。何云"张甲之情，不可托王乙之躯；李丙之性，勿得寄赵丁之体"乎？

萧琛《难神灭论》

萧琛依据的是"神"寄于他者之"形"的这种交流模式。对于范缜而言，他不仅不会认同这一模式，还可能认为这种批评并未抓住问题的关键。但是，这里最为重要的是，萧琛提出了"他心"（他者之心）这一问题系，批评范缜的理论并不能解释自我与他者的交流。

换言之，此处的问题，并不在于评判范缜与佛教徒之间谁的理论更为妥当。而更为重要的是，通过神不灭论争，特别是其中对《庄子》的解读，使得他者论这一问题系逐渐浮出水面。

试想一下，我之"情"寄于他人，而蝴蝶之"性"则寄于我。这并不限于人类，而是跨越人类与动物在灵魂上物种区隔的交流。是以不与他者同一化，不将动物拟人化，以不模仿，不共情的方式来思考自我与他者之心的交涉。并且，不是从虚假的梦幻，而是完全从现实的角度来加以思考。这正是中国思想中灵魂论与他者论的可能性的核心。

通过曹思文与萧琛等佛教徒对《庄子》的解读，使我们得以略微窥见这一可能。而与其说是"万物齐同"，不如说因为在《庄子》解读中强调了"变化为他物"的"物化"，从而打开了与他者交流这一问题系。

道教与《庄子》（一）——成玄英《庄子疏》

较诸佛教，道教更为强调其与《庄子》的联系。在道教中，《庄子》被称作《南华真经》，而庄子则被称为南华真人或南华仙人。

《庄子》的注释，前文已提及了郭象注，而另一部重要的注释，则是这里所举的成玄英疏。成玄英是活跃于唐代初期的道士，曾参加道教与佛教间的佛道论争，并参与了将《老子》翻译成梵文的工作。著有《老子道德经义疏》五卷、《老子道德经序诀义疏》一卷、《老子道德经开题》一卷，以及《庄子疏》三十卷。

由其经历及其著述可见，成玄英精通佛教，在重视《老子》的同时，对《庄子》也颇感兴趣。成玄英属于所谓"重玄派"中的一员，"重玄"本于《老子》第一章"玄之又玄"之语，以显示其"不执于外物，亦不执于'不执于外物'"（砂山稔《道教的成立及其历史》，坂出祥伸编《道教的大事典》，第34页）的境界。根据横手裕（《中国道教的展开》，第48页）的研究，"重玄"受到佛教"有无中道思想"的影响。即否定以"有"说"无"，然而亦不可执着于"无"，故重视脱离"有""无"的"中道"思想。就成玄英而言，其"一中"或"中一"的术语即是指此（中岛隆藏《成玄英的"一中"思想及其背景》，平井俊荣监修《三论教学的研究》）。

那么，成玄英是怎样解释《庄子》的呢？且看其书前序：

夫《庄子》者，所以申道德之深根，述重玄之妙旨，畅无为之恬淡，明独化之窅冥。

成玄英《庄子序》

在此成玄英举出了"道德""重玄""无为""独化"这四个关键词。值得一提的是，其中并没有"齐同"或"齐物"，而更应注意的是，前三者均是出自《老子》，只有"独化"是郭象的用语。由于疏是对注的解释，成玄英疏留心于郭象注，自然是理所应当。尽管如此，对于成玄英的解释来说，有意在书首提及"独化"，从中可以看出其想要继承郭象的倾向。

如前所言，郭象的"独化"，是与"自然""自得"关联的概念，想要实现一个万物自足于自"性"所定之"分"的世界。前文曾引用了郭象注的下述一段：

言性各有分，故知者守知以待终，而愚者抱愚以至死，岂有能中易其性者也。

郭象《庄子·齐物论》注

对于此句，成玄英有如下的解释：

夫禀受形性，各有涯量。不可改愚以为智，安得易丑以为妍；是故形性一成，终不中途亡失，适可守其分内，待尽天年矣。

成玄英《庄子·齐物论》疏

如此，成玄英也强调，包括人类在内的万物，应固守自"性"所定之"分"。

虽说如此，成玄英与郭象并非完全相同。特别是在"齐同"与"无"的问题上，两者有所分歧。首先，关于"玄同"，前引郭象注是这样解释的：

> 所谓"齐"者，岂必齐形状，同规矩哉！故举纵横好丑，恢恑憰怪，各然其所然，各可其所可，则理虽万殊，而性同得。故曰"道通为一"也。
>
> 郭象《庄子·齐物论》注

郭象在此提出了一种不必"齐形状，同规矩"的"齐"。这就是所谓由大自足于其大而成立的这个世界，与由小自足于其小而成立的这个世界，二者相同的"齐同"。

然而，对于此处，成玄英则有以下的解释：

> 夫纵横美恶，物见所以万殊；恢憰奇异，世情用为颠倒。故有是非、可不可，迷执其分。今以玄道〔幽深之道〕观之，本来无二。是以妍丑之状万殊，自得之情惟一，故曰"道通为一"也。
>
> 成玄英《庄子·齐物论》疏

在此，成玄英对"迷执其分"加以了驳斥。而这不仅与先前所引成玄英自身之言（"守其分内"）相龃龉，也与郭象所言"各然其所然,各可其所可,则理虽万殊,而性同得"有异。

那么,是什么原因导致了两者的不同?首先,成玄英的"玄同",与郭象不同,如其所言"以玄道观之,本来无二",成玄英认为有可以从超越性的高度来抹平万物差异的"玄道"。

还有一点(虽说如此,实则与前者无异),对于逻辑上支撑"齐同"的"无",成玄英的理解与郭象有异。庄子丧妻之时,对于"箕踞鼓盆而歌"这一记载,成玄英是这样解释的:

> 庄子圣人,妙达根本。故睹察初始本自无生,未生之前亦无形质,无形质之前亦复无气。从无生有,假合而成,是知此身不足惜也。
>
> 成玄英《庄子·至乐》疏

在此,成玄英再次举出了"无",这一作为《老子》/王弼一派的"存在论的根源者"。但对于郭象而言,"夫无不能生物"(《庄子·天地》注),难以容纳"从无生有"这样《老子》式的解释。之所以将"无"置于"本",是因为成玄英重视《老子》,并且其"重玄"的思想受到了佛教"有无中道思想"的影响。

如此,成玄英对《庄子》的解释,无论是"齐同"还是"无",不难看出其与前述近现代日本的《庄子》解释,在方向上大体重合。反过来说,从中可以窥见《老子》解释以及佛教学说对《庄子》的解释有着极大的影响。

道教与《庄子》（二）——葛洪《抱朴子》

从成玄英详注其书一事来看，《庄子》可以说是重要的道教经典。但是，与《老子》相比，《庄子》的重要性略为逊色。譬如，在道教的发展过程中，老子被赋予了太上老君这一颇高的神仙地位，而庄子不过是作为真人被人所崇拜。为了考察其背后的原因，先让我们从成玄英回到郭象的时代。在东晋，葛洪著有《抱朴子》，其书将神仙说确立为道教理论，指出了成为神仙的方法。然而，在《抱朴子》中，对待老子、庄子的态度已有不同。

首先，对于老子，《抱朴子》中有以下的叙述：

或人难曰：人中之有老、彭〔彭祖，传说中的长寿之人〕，犹木中之有松柏，禀之自然，何可学得乎？

抱朴子曰：夫陶冶造化，莫灵于人。故达其浅者，则能役用万物；得其深者，则能长生久视。知上药之延年，故服其药以求仙；知龟鹤之遐寿，故效其道引（一种呼吸运动，长生术的一种，模仿自乌龟的呼吸屈伸，见《史记·龟策列传》）以增年。

且夫松柏枝叶与众木则别，龟鹤体貌与众虫则殊。至于彭、老，犹是人耳。非异类而寿独长者，由于得道，非自然也。众木不能法松柏，诸虫不能学龟鹤，是以短折耳。人有明哲，能修彭、老之道，则可与之同功矣。

葛洪《抱朴子·内篇·对俗》

葛洪虽然认为老子、彭祖是仙人，但并不是生而如此（"非自然也"）。正因为他们是通过养生而"得道"，所以才能够长生不老（具体的养生方法，有服用药物〔金丹〕、行气〔使气运行于体内的技巧〕、导引〔体操〕、房中〔使男女之气相交的技巧〕等等）。总而言之，葛洪认为神仙是养生的延续。

那么，在葛洪眼中，庄子是怎样的呢？对于《庄子》这部著作，《抱朴子》中有如下的批评：

至于文子（受老子之教而著《文子》，唐代被赠予通玄真人之号）、庄子、关令尹喜（即老子西出之时，老子写《道德经》以赠的关门守卫，著有《关尹子》）之徒，其属文笔，虽祖述黄（中国传说中的帝王，道教之祖）、老，宪章玄虚，但演其大旨，永无至言。或复"齐死生"，谓无异，以存活为徭役，以殂殁为休息（谓庄子）。其去神仙已千亿里矣，岂足耽玩哉！

同前，《释滞》

从"齐死生"到"以存活为徭役，以殂殁为休息"，在这样的解读之下，《庄子》仿佛是在希冀死亡，这显然不能让追求长生不老的葛洪满意。

虽然如此，这不过是对《庄子》的一种解读，郭象对此解释已有所批评："旧说云'庄子乐死恶生'，斯说谬矣。"（郭象《庄子·至乐》注）

但是，在日本，有人根据上述葛洪对《庄子》的批评，尝试

将《庄子》(甚至《老子》)从道教剥离:

> 然而,庄子虽然知道神仙说的存在,但其是否信奉神仙说,则是另外的问题。正如后文所述,庄子无为自然的立场,与老子一样,是与神仙说不相容的。……
> 何况庄子与神仙说的不相容,是有确凿的理由的。庄子的核心,在于万物齐同之说。据庄子所言,万物的差异是由于人为的知识所导致的,而在自然的世界中,所有的对立、差异并不存在,一切均是平等的。从万物齐同的立场来说,好生恶死的感情是错误的,齐死生才是达观者的境界。
> 从庄子的齐死生之说,可以明确看出庄子与神仙说乃至道教的立场有所不同。对于这一点,被认为最早创立了道教根本理论的葛洪,也是十分清楚的。尽管在其书《抱朴子》中,葛洪将老子尊奉为神仙说的开祖,但他也强调《庄子》一书否定神仙说,并不值得研读。
>
> 森三树三郎《老庄与佛教》,第36—37页

森三树三郎认为,"万物齐同"这一"庄子的核心"与道教的神仙说并不相容。在此之上,森氏引用了先前的《释滞》篇,但葛洪批评的"齐死生之说",与其说是否定"好生恶死",不如说是否定"以存活为徭役,以殂殁为休息"这样的观点。"万物齐同",即如前文在论述郭象时所言,未必是指"在自然的世界中,所有的对立、差异并不存在,一切均是平等的"。根据郭象

之说，所谓的"万物齐同"，是指万物只要完全自足于其被赋予的条件，则各自的"这个世界"是相同的。

那么，在"齐死生"的同时，并不妨碍"生"者去享受"生"。因此，在道教的解读之中，《庄子》是作为享受"生"，即养生思想的资源而存在的。

森氏之所以尝试将"老庄"从道教切离，恐怕是出于一种现代主义的区分，即前者为哲学，后者为宗教。对此，福井文雅曾反复强调"道家"与"道教"并无不同，这是因为我们不能忽视以区分哲学与宗教为前提的老庄解释与道教解释中存在的问题（酒井忠夫、福井文雅《道教是什么》）。

让我们回到葛洪。某人曾问葛洪，仙道的修行与世间的事务能否两立。对此，葛洪举出了黄帝、彭祖以降的数位仙人，其中就包含了庄子（葛洪《抱朴子·释滞》）。也就是说，作为"真人"的庄子，对于葛洪而言也是十分重要的。而且，不应忘记的是，在《抱朴子》中随处可见对《庄子》的引用。譬如开头的《畅玄》即是如此：

藐然不喜流俗之誉，坦尔不惧雷同之毁。不以外物汩其至精，不以利害污其纯粹也。

故穷富极贵，不足以诱之焉，其余何足以悦之乎？直刃沸镬，不足以劫之焉，谤讟何足以戚之乎？常无心于众烦，而未始与物杂也。

葛洪《抱朴子·内篇·畅玄》

根据福永光司的研究，此处而祖述《庄子·刻意》的"养神"之意（福永光司《庄子》外篇·中册，第133—134页）。如此，可以说在道教之中，庄子及《庄子》虽然在重要性上尚逊于老子及《老子》，但作为参考，起到了一定程度的作用。

那么，对于道教而言，《庄子》有什么地方是值得参考的呢？简单来说，就是其神仙说与养生思想。

"养形"与"养神"——《庄子》的神仙说与养生思想

森三树三郎虽然认为《庄子》否定神仙这一超人的存在，但如其所言，《庄子》中有讲论神仙的地方。譬如，下列部分正是如此：

> 藐姑射之山有神人居焉。肌肤若冰雪，淖约若处子。不食五谷，吸风饮露。乘云气，御飞龙，而游乎四海之外。

《庄子·逍遥游》

> 何谓真人？古之真人，不逆寡，不雄成，不谟士。若然者，过而弗悔，当而不自得也。若然者，登高不慄，入水不濡，入火不热。是知之能登假于道也若此。
> 古之真人，其寝不梦，其觉无忧，其食不甘，其息深深。真人之息以踵，众人之息以喉。屈服者，其嗌言若哇。其耆欲深

者,其天机浅。

《庄子·大宗师》

在"神人""真人"之外,《庄子》中还有"天人""至人"等表现(《庄子·天下》)。这些均是具有脱离凡俗之力者,飞翔于天地之间,不惧于水火,可以说是真正的神仙。像这样的神仙描写,在许多其他的古代文献中也能见到,因而并非是《庄子》的特有之处。但令人颇感兴趣的是,《庄子》叙述了如何成为神仙的方法。

从《大宗师》的引用部分可见,"真人"是"知之能登假于道"者。若能得"道",则人也能成为神仙。作为得"道"神仙之例,在引用部分的稍后之处,《庄子》列举了十几人,其中如黄帝、西王母还有彭祖,同时也是道教中重要的神仙。

那么,具体而言,如何才能得道成仙呢?在此,《庄子》提出的是"养生"的方法。在《逍遥游》的引文中,"神人"是"不食五谷,吸风饮露"。这就是道教养生术也同样重视的,相当于辟谷(不食谷物)的饮食法或呼吸法。然而,《庄子》并没有将肉体上的养生置于首位:

> 吹呴呼吸〔吐气吸气〕,吐故纳新〔吐出旧气,吸入新气〕,熊经鸟申〔像熊一样站立,像鸟一样伸长脖子〕,为寿而已矣;此道引之士,养形之人,彭祖寿考者之所好也。

《庄子·刻意》

在呼吸法之外，这里又提到了"导引"。其后，虽然举出了作为长生象征的彭祖这一神仙之名，但《庄子》对之却颇为轻视，谓之为"养形"（保养肉体）（《庄子·达生》），因为这样的养生不过是"为寿而已"。

那么，怎样才算是理想的养生呢?《庄子》将之称为"养神"（保养精神）：

> 故曰"纯粹而不杂，静一而不变，惔而无为，动而以天行"，此养神之道也。
>
> 《庄子·刻意》

> 仲尼曰："若一志〔心思〕，无听之以耳而听之以心，无听之以心而听之以气。听止于耳，心止于符。气也者，虚而待物者也。唯道集虚。虚者，心斋〔心的斋戒〕也。"
>
> 《庄子·人间世》

所谓的"养神"，就是通过"一志"或是"心斋"从而达到彻底纯粹的境界。不难想象，这并非容易之事，但如果借由"养神"以及"养形"能够得"道"的话，那么，即便对于道教而言，这也是一个值得欢迎的主张。

神仙说与养生思想的关系——嵇康与葛洪

从根本上来说,神仙说与养生思想是两种不同的理论。这是因为,前者是描写常人难以企及的不死永生的超人——神仙,而后者则是为了长生不老,讲论即使是常人也能实践的健身方法(陈仲奇《道教神仙说的成立》)。

前文已言及嵇康"越名教而任自然"之说,而关于"神仙"与"养生",嵇康这样说道:

> 世或有谓神仙可以学得,不死可以力致者。或云上寿百二十,古今所同,过此以往,莫非妖妄者。此皆两失其情,请试粗论之。
> 〔关于前说〕夫神仙虽不目见,然记籍所载,前史所传,较而论之,其有必矣。似特受异气,禀之自然,非积学所能致也。
> 〔关于后说〕至于导养得理,以尽性命,上获千余岁,下可数百年,可有之耳。而世皆不精,故莫能得之。
>
> 嵇康《养生论》

嵇康认为,"神仙"是禀受"异气"的存在,由于与常人绝异,故不能通过学习而成为神仙,不过"养生"却是可以学习的。

这样看来,《庄子》将神仙说与养生思想结合在了一起,对于道教式的思想来说，这应当是最为理想的主张。而实际上也正是如此，葛洪认为通过学习"养生"可以成仙。这不禁使我们想起前引《抱朴子》中的一句话："人有明哲，能修彭老之道，则可与之同功矣。"在此句之外，《抱朴子》中还有下列文字：

若夫仙人，以药物养身，以术数延命，使内疾不生，外患不入，虽久视不死，而旧身不改。苟有其道，无以为难也。

葛洪《抱朴子·内篇·论仙》

夫求长生，修至道，诀在于志，不在于富贵也。苟非其人，则高位厚货，乃所以为重累耳。何者？学仙之法，欲得恬愉淡泊，涤除嗜欲，内视反听，尸居无心。

同前

借用《庄子》的说法，葛洪也认为，不仅是"养形"还要通过"养神"，才能成为神仙。单就这点来看，可以说葛洪的思想实际上是《庄子》式的。

尽管如此，对于神仙的理想状态，葛洪与《庄子》却有所不同。葛洪更为注重养生思想，并不渴求成为神仙之后飞翔于天地之间。葛洪引用彭祖之言，如此说道：

〔彭祖〕又云："古之得仙者，或身生羽翼，变化飞行。失人之本，更受异形。有似雀之为蛤，雉之为蜃，非人道也。人道当食甘旨，服轻暖，通阴阳，处官秩，耳目聪明，骨节坚强，颜色悦怿，老而不衰，延年久视，出处任意，寒温风湿不能伤，鬼神众精不能犯，五兵百毒不能中，忧喜毁誉不为累，乃为贵耳。若委弃妻子，独处山泽，邈然断绝人理，块然与木石为邻，不足多也。"……

笃而论之，求长生者，正惜今日之所欲耳。本不汲汲于升虚，以飞腾为胜于地上也。

葛洪《抱朴子·内篇·对俗》

葛洪所冀求的，不过是作为人类来长久地体验现世的快乐，而从"（不）以飞腾为胜于地上"这一说法来看，他对变化为仙并不感兴趣。

自不用说，这与《庄子》中的"真人"大为不同。因为《庄子》所想象的神仙，并不是作为人来体验世间快乐的存在，而是时常"失人之本，更受异形"的"古之得仙者"。

既然《庄子》思想的重点在于"物化"，则在"养生"之前，《庄子》应当已把变化为他物视作理想。本书想要思考的，正是像神仙这般"物化"的意义。这是因为"物化"想要实现的，不是"长生不老"，而是较之更为广大的"人的理想"。

第三章 | 近代中国哲学与《庄子》
　　——胡适与冯友兰

　　以上回顾了在近代以前的中国思想史中《庄子》解读的不同视点。本章让我们将目光转移到近代,来考察一下近代学者是如何理解《庄子》的问题系的。关于日本的研究,已见于之前的论述之中,并且后文也将有所涉及,故以下主要关注中国近代以及欧美的讨论。话虽如此,由于前人的研究可谓汗牛充栋,因而所谓的考察,不过是管窥一斑而已。

　　首先是对中国近代研究的考察。这里想要关注的是在"中国哲学"这一近代学科的成立之际,学者们是怎么看待《庄子》的。因为这些研究,直接奠定了日后《庄子》研究的框架。具体上,我们将对胡适(1891—1962)与冯友兰(1895—1990)二人的论说进行考察。

浅近的庄子,对神秘主义的否定——胡适与庄子(一)

　　在美国留学期间,胡适接受了以约翰·杜威(1859—1952)的实用主义思想为代表的新哲学。在1917年被聘为北京大学教授归国之后，1919年，胡适出版了中国最早的严格意义上的中国哲学史——《中国哲学史大纲·卷上》。胡适是怎样看待庄子的呢？首先，让我们来看一下第九章《庄子》开头部分的注释：

  本篇曾以《庄子哲学浅释》为题刊于《东方杂志》第15卷第11、12两号（1918年11月15日、12月15日），文几全同。该文的序说："从来的人，只因把庄子的哲学看得太神秘玄妙了，所以不能懂得庄子。依我个人看来，庄子的学说其实并没有什么十分玄妙神秘之处。所以我这篇述庄子的文字便叫做'浅释'，不但要用浅近的文字去讲庄子的哲学，并且要使人知道庄子的哲学只是粗浅的寻常道理。"

胡适《中国哲学史大纲·卷上》，
《胡适学术文集：中国哲学史》上册，第174页

  胡适毫不客气地反对那种从神秘、玄妙角度出发的庄子解读。这是对此前中国的庄子解读的强有力的反抗。那么，在胡适眼中，讲论粗浅道理的《庄子》，其核心是什么？胡适认为，其在于《庄子》末尾的《天下》中：

  芴漠无形，变化无常。死与，生与？天地并与？神明往与？芒乎何之？忽乎何适？万物毕罗，莫足以归。古之道术有在于是者。庄周闻其风而悦之，以谬悠之说，荒唐之言，无端崖之辞，

时恣纵而不傥，不以觭见之也。以天下为沈浊，不可与庄语，以卮言〔为了迎合对方的无稽之言〕为曼衍，以重言〔借为人所重者之言以为言〕为真，以寓言〔假托他物以为言〕为广。独与天地精神往来，而不敖倪于万物，不谴是非，以与世俗处。

《庄子·天下》

此处是在讨论"祖述中国古来'道教'的四个代表学派"（福永光司《庄子·杂篇》下册，第229页），即墨子、宋钘与尹文、慎到与田骈、老聃与关尹之后，展现了庄子超越一众学派的文字。

然而，胡适却将庄子这种超越凡俗的姿态，看作是"出世主义"的终极表现，批判其为守旧派的哲学。这是因为："庄子这种学说，初听了似乎极有道理。却不知世界上学识的进步只是争这〔庄子觉得无聊的〕半寸的同异；世界上社会的维新，政治的革命，也只是争这半寸的同异。"（胡适《中国哲学史大纲·卷上》，第190页）胡适认为，庄子主张的是从容接受命运的"乐天安命"（同前，第189页）的人生哲学，而其结果只不过是孕育出一群安于现状抑或是脱离社会的人。庄子的态度，就跟站在"爱拂儿塔（埃菲尔铁塔）上看下来"一样（同前，第189—190页）。

这一时期的胡适，正尝试在中国思想中，寻找政治革命的可能。然而，胡适虽然把"革命"作为其哲学史的核心，但对于提倡无为政治哲学的老子，却认为其包含有政府不加干涉，由上帝之手加以调控的自由放任主义的经济思想。但即便如此，拘于"半寸的同异"的胡适，还是摈斥了无视这一同异的庄子思想。

庄子的达观主义——胡适与庄子（二）

话说回来，庄子这样的"达观主义"是从何而来？胡适认为，这是因为庄子将变化思想推到了极端。在引用了《庄子·齐物论》之后，胡适说，庄子的思想是主张"天下的是非，本来不是永远不变的。世上无不变之事物，也无不变之是非"（胡适《中国哲学史大纲·卷上》，第185页）。譬如，以人作为牺牲，作为殉葬，作为奴隶，这在古代被认为是正确的，但在今天则会被视为野蛮。胡适认为，这正是庄子想要说的道理。

而后，胡适指出庄子的变化思想与黑格尔的辩证法有相似之处，但庄子将这一思想推到了极端，从而导致了"不良的效果"（同前，第186页）。也就是说，庄子虽然认为万事万物皆是变化的，但对于处于变化中的事物而言，庄子却得出了"物固有所然，物固有所可，无物不然，无物不可"（《庄子·齐物论》）这样的结论，最终陷入完全肯定现状的极端"守旧主义"之中（胡适《中国哲学史大纲·卷上》，第187页）。

那么，在胡适眼中，庄子的人生哲学，变成了一种无视社会中存在的种种差异，不需要改良，也不需要"维新革命"的思想，因此这必定是"达观主义"。也就是说，因为在"天道"之下，一切皆由命运所决定，所以可以达观万物。而《庄子》中最能体现"达观主义"的例子，胡适举出的是以下文字：

亡，予何恶？浸假而化予之左臂以为鸡，予因以求时夜；浸假而化予之右臂以为弹，予因以求鸮炙；浸假而化予之尻以为轮，以神为马，予因以乘之，岂更驾哉！且夫得者，时也，失者，顺也；安时而处顺，哀乐不能入也。此古之所谓县解〔指束缚的解脱〕也，而不能自解者，物有结之。

《庄子·大宗师》[1]

对于"安时而处顺，哀乐不能入"这样的说法，胡适认为其为"乐天安命"之义（胡适《中国哲学史大纲·卷上》，第189页）。并认为这种思想孕育了媚世的无耻小人，他们不关心社会痛痒，也不问民生痛苦（胡适《中国哲学史大纲·卷上》）。如胡适这般解读，究竟是否能穷尽这段文字的含义，尚有疑问。关于这一问题，我们将在第二部分进行探讨。

无论如何，从以上来看，对于胡适而言，庄子不过是一个从埃菲尔铁塔的高处来俯瞰天下变化的旁观者。而胡适对于庄子的最终评价，是这样的："庄子是知道进化的道理，但他不幸把进化看作天道的自然，以为人力全无助进的效能，因此他虽说天道进化，却实在是守旧党的祖师。"（同前，第190页）也就是说，无论是怎样的变化，皆不能令庄子心动，庄子是肯定万事万物之"然"（现状）的旁观者，也是不能主动地介入社会，通过"革命"来改造社会的旁观者。

---

[1] 作者原译：不，我为什么要憎恨？慢慢地把我的左臂变化为鸡，我就拿它来告时。慢慢地把我的右臂变化为弹丸，我就拿它来打猫头鹰吃。慢慢地把我的屁股变化为车轮，把我的心变化为马，我就坐着它走，这样就连马车也省了。得之是时，失之是顺。安时处顺，哀乐的感情就不能进入。这就是古时所说的"县解"〔束缚的解脱〕。束缚之所以不能解开，是因为与物相联结。物不能胜天，很早以前就是如此，因而我不需要憎恨它。

尽管如此,中国近代的庄子形象并不仅限于此。作为对比,让我们来看一下胡适的竞争对手冯友兰是怎样解释庄子的。

"绝对的自由"与"纯粹经验之世界"——冯友兰与庄子(一)

与胡适相同,冯友兰曾经在美国留学,归国之后主要执教于清华大学,并著有《中国哲学史》。胡适的《中国哲学史大纲》止步于对先秦的叙述,而冯友兰之书则是一部通史著作,其后被翻译为英文,作为世界性的基础教科书被人们所熟知。可是,在这部书中,冯友兰的解释与胡适完全不同,他将《庄子》作为神秘主义的思想来加以解读。对于胡适曾经引用并且解释过的地方,冯友兰从另外的角度进行了论述。

首先,是被胡适判定为"完全的怀疑主义"的地方:

既使我与若辩矣,若胜我,我不若胜,若果是也,我果非也邪?我胜若,若不吾胜,我果是也,而果非也邪?其或是也,其或非也邪?其俱是也,其俱非也邪?我与若不能相知也,则人固受其黮暗。吾谁使正之?使同乎若者正之?既与若同矣,恶能正之!使同乎我者正之?既同乎我矣,恶能正之!使异乎我与若者正之?既异乎我与若矣,恶能正之!使同乎我与若者正之?既同乎我与若矣,恶能正之!然则我与若与人俱不能相知也,而待彼也邪?

《庄子·齐物论》

对于此处，冯友兰解释说："此明'辩'不能定是非也。"（冯友兰《中国哲学史》，第289页[1]）然而，冯友兰认为，庄子之所以认为"辩"不能定是非，并不是因为胡适所说的"怀疑主义"，而是因为庄子主张"绝对的自由"与"绝对的平等"。换言之，种种的争"辩"者，在"绝对的自由"与"绝对的平等"的前提之下，无法判断具体的是与非。在此之上，冯友兰得出了以下结论，"主张绝对的自由者，必主张绝对的平等"（同前，第288页），而"惟人皆有绝对的自由，乃可皆顺其自然之性而得幸福"（同前）。

接下来，再看一下胡适推导出《庄子》"达观主义"的部分：

可乎可，不可乎不可。道行之而成，物谓之而然。恶乎然？然于然。恶乎不然？不然于不然。物固有所然，物固有所可。无物不然，无物不可。

《庄子·齐物论》

冯友兰认为此处展现的，是一个没有一切区别，"纯粹经验之世界"。他有如下的解释：

若纯粹经验，则无成与毁也。故达人不用区别，而止于纯粹经验，则庶几矣。其境界虽止而又不知其为止。至此则物虽万殊，而于吾之知识上实已无区别。至此则真可觉"天地与我并生，而万物与我为一"矣。

冯友兰《中国哲学史》，第300页

[1] 冯友兰《中国哲学史》引用，作者原据柿村峻、吾妻重二日译本。翻译时依中华书局1961年版冯友兰《中国哲学史》回改为中文，并标示其页码，下同。

冯友兰所谓的"纯粹经验",是指威廉·詹姆斯(1842—1910)所说的"纯粹所觉,不杂以名言分别"的经验(同前,第298页)。而在没有一切由概念("名言")所产生的差异的"纯粹经验之世界",则"物虽万殊,而于吾之知识上实已无区别"。总而言之,在冯友兰的解读中,庄子并非是达观主义,而是在"纯粹经验之世界"中,真切地体悟("真觉")"万物一体"。

作为"神秘主义"的庄子以及斯宾诺莎——冯友兰与庄子(二)

接下来,冯友兰将真切地体悟"万物一体"定义为"庄学中之神秘主义",而非"达观主义"。不过,他所说的神秘主义指的是什么呢?

> 神秘主义一名,有种种不同的意义;此所谓神秘主义,乃专指一种哲学承认有所谓"万物一体"之境界。在此境界中,个人与"全"(宇宙之全)合而为一,所谓人我内外之分,俱已不存。普通多谓此神秘主义必与唯心论的宇宙论相关连。……不过此神秘主义,亦不必与唯心论的宇宙论相连。如庄子之哲学,其宇宙论非必为唯心论的,然亦注重神秘主义也。……道家所用之方法,乃以纯粹经验忘我;儒家所用之方法,乃以"爱之事业"(叔本华所用名词)去私。无我无私,而个人乃与宇宙合一。
>
> 冯友兰《中国哲学史》,第164—165页

庄子的神秘主义，并非将世界还原到个人之心的唯心论的"万物一体"，而是逆向神秘主义，即返回到纯粹经验中，面朝世界来消融自我。冯友兰认为这种逆向神秘主义，与斯宾诺莎（1632—1677）的哲学有共通之处。这与认为《庄子》与黑格尔辩证法有相似之处的胡适的观点，有很大不同。换言之，冯友兰想将被认为是无神论者的斯宾诺莎的自然神论（神即自然），应用到中国哲学之中。此处正是胡适与冯友兰在《庄子》解释上，最大的不同。

且夫得者，时也，失者，顺也；安时而处，顺，哀乐不能入也。此古之所谓县解也，而不能自解者，物有结之。

《庄子·大宗师》

如前所述，胡适猛烈地批评了此处"乐天安命"的思想，认为其孕育了对命运唯命是从的小人。与之相对，冯友兰以为，此处是庄子对进入纯粹经验的方法的展开，并结合斯宾诺莎，有以下的论述：

哀乐不能入，即以理化情也。斯宾诺莎（Spinoza）以情感为"人之束缚"（Human bondage）。若有知识之人，知宇宙之真相，知事物之发生为必然，则遇事不动情感，不为所束缚，而得"人之自由"（Human freedom）矣。譬如飘风坠瓦，击一小儿与一成人之头。此小儿必愤怒而恨此瓦；成人则不动情感，而所受之痛苦亦轻。盖成人之知识，知瓦落之事实之真相，故"哀乐不能入"也。

冯友兰《中国哲学史》，第295页

在此，冯友兰说斯宾诺莎是"以理化情"。然而，仅就斯宾诺莎的文本而言，斯宾诺莎想要将被动的痛苦与快乐，转化为在充分认识之下基于理性的主动的快乐的情感，并不是"哀乐不能入"。

斯宾诺莎《伦理学》第三部分《论情感的起源和性质》，有以下的内容：

命题五十八　除快乐与欲望是被动的情感外，就我们是主动（能动）的而言，属于我们的还有别的快乐与欲望的情感。

……

命题五十九　就心灵是主动的而言，在所有与心灵相关联的一切情绪中，没有一个情绪不是与快乐或欲望相关联的。

证明所有一切情绪都与欲望、快乐或痛苦相关联，正如这些情绪的界说所指出的那样。但是痛苦（据第三部分命题十一及其附释）乃是表示心灵的活动力量之被减少或被限制的情绪，所以只要心灵感受痛苦，则它的思想的力量，这就是说（据第三部分命题一），它的活动的力量便被减少或受到限制。所以就心灵是主动的而言，没有痛苦的情绪会与它相关联，但唯有快乐和欲望的情绪，（据前一命题）才能与它相关联。

斯宾诺莎《伦理学》，第149页[1]

---

[1] 斯宾诺莎《伦理学》，作者原据畠山尚志日译本。今据贺麟译本（商务印书馆，1983）译为中文，并标示其页码，下同。

并且，其书第五部分《论理智的力量或人的自由》如下说道：

命题三　一个被动的情感只要当我们对它形成清楚明晰的观念时，便立即停止其为一个被动的情感。

斯宾诺莎《伦理学》，第240页

总而言之，斯宾诺莎想要将被动的痛苦的情感，通过心灵的理性活动，转化为能动的快乐。这与冯友兰的解释稍微不同，斯宾诺莎的"以理化情"，不是消灭感情，而是将被动的痛苦转化为能动的快乐。另外，关于这一点，吉尔·德勒兹（1925—1995）有以下的论述：

不管其采用如何的形式，不管其基于怎样的理由，痛苦的被动性体现了我们力量的最低程度。这是我们最为脱离自身能动性行动力量的状态，是最为自我异化，陷入迷信的幻象与专制者的欺骗的状态。《伦理学》〔生态的伦理〕必然是快乐的伦理。惟快乐具有意义，惟快乐长驻。只有快乐，能使我们能动地，接近能动性行动的至福。

吉尔·德勒兹《斯宾诺莎的实践哲学》，第46—47页[1]

由此可见，德勒兹认为，斯宾诺莎的学说中洋溢着能动的快乐的情感。不难发现，冯友兰所解释的庄子，其实与斯宾诺莎并

---

[1] 吉尔·德勒兹《斯宾诺莎的实践哲学》，作者所用为铃木雅大日译本，今据之译出。另参见冯炳昆中译本（商务印书馆，2004），第32页。

不一样。

那么，冯友兰的庄子解读有着怎样的特点？笔者认为，冯友兰设想的庄子，是一个不为情感所动，知晓事情由来，理智且有判断能力的"自由"的人。这种"自由"，是不被事物所束缚的自由。像这样"哀乐不能入"的人，究竟在神秘中享受的是怎样的"自由"呢？本书第二部分想要重新思考的，正是这一"自由"。

与世俗相伴的庄子——鲁迅与庄子

如前所述，对于庄子，或视之为浅近的达观主义，或视之为触及这个世界秘密的逆向神秘主义，胡适与冯友兰二人的观点完全不同。在回顾中国近代《庄子》解读的最后，这里我想再多看一个人的解释。这个人就是同为胡适、冯友兰竞争对手的鲁迅（1881—1936）。

鲁迅自言，"就是思想上，也何尝不中些庄周韩非的毒"（鲁迅《写在〈坟〉后面》，《鲁迅全集·一》，第285页[1]）。其后，在他晚年，曾以《庄子》的故事为题材撰写了作品。这就是收入《故事新编》（1936）中的《起死》。

在《起死》中，鲁迅所描写的庄子，是一副道士的装扮。庄子在路旁遇到了髑髅（根据《庄子·至乐》髑髅问答的故事），他以道教式的咒语呼唤出"司命大神"，凭借神力使髑髅得以复活。然

---

[1]《鲁迅全集》，作者原据学习研究社日译本。今据人民文学出版社1981年版《鲁迅全集》回改为中文，并标示其页码，下同。

而,庄子却被这个刚刚复活的五百年前的男子,索要衣服与行李。无可奈何的庄子叫来了警察,而过来的巡警也被男子纠缠得没有办法,只能呼叫其他警察的增援。

在这一作品中,鲁迅嘲讽了本应超脱世俗的庄子,却有一副世俗的嘴脸。但是,对庄子的嘲讽,最终却落到了鲁迅自身。鲁迅晚年的《我要骗人》一文中,引用了庄子并这样说道:

疲劳到没有法子的时候,也偶然佩服了超出现世的作家,要模仿一下来试试。然而不成功。超然的心,是得像贝类一样,外面非有壳不可的。而且还得有清水。

……

庄子曾经说过:"干下去的(曾经积水的)车辙里的鲋鱼,彼此用唾沫相湿,用湿气相嘘,"——然而他又说,"倒不如在江湖里,大家互相忘却的好。"

可悲的是我们不能互相忘却。而我,却愈加恣意的骗起人来了。如果这骗人的学问不毕业,或者不中止,恐怕是写不出圆满的文章来的。

鲁迅《我要骗人》,《鲁迅全集·六》,第485—488页

这篇文章,鲁迅写于中日关系的紧张时期,"可以说是给日本人的遗书"[1]。在文章中,鲁迅预感,还没到"披沥真实的心的时光"(《鲁迅全集·六》,第488—489页)的时候。因为"披沥真实的心的时光",对于中日两国来说,自然是最重要的。然而由于

---

[1] 此为学习研究社《鲁迅全集》日译本今村与志雄所作译注。见《鲁迅全集·八》,学习研究社,1984年,第549页。

人类生活的这个世界，充满了利害之心，因此人与人之间原本就很难有"披沥真实的心的时光"。

此处引用的庄子的典故，出于《庄子·大宗师》：

泉涸，鱼相与处于陆，相呴以湿，相濡以沫，不如相忘于江湖。与其誉尧而非桀，不如两忘而化其道。

此段文字，在《汉文学史纲要》（1926年讲义，1938年出版）中鲁迅也曾专门引到。鲁迅也曾梦想能彼此相忘，悠然于江湖，与道融为一体。但是，想要彻底地互相忘却，超脱世俗，悠悠自足，却是十分困难的。对于我们而言，无论如何最终都"不能互相忘却"。这也就是说，我们不能不"骗人"，也不得不"骗人"。

既然这个世俗的世界是无法甩脱的，那么只能在居于世俗的同时超脱世俗。即使这会像鲁迅所描写的庄子那样成为他人眼中的嘲讽对象也无妨。正是如此，鲁迅把自己与庄子联系了起来。

木山英雄将此称为"幽默的憎恶"：

作为青年文学修养的帮助，劝人读《文选》《庄子》，并且引用鲁迅的文章作为例证的这一人物，忽然间受到了鲁迅一连串不容饶恕的"口诛笔伐"（《重三感旧》〔1933〕等）。而在鲁迅历史小说集《故事新编》中，以庄子为主题的《起死》（1935），从头到尾都是没太大创作意义的嘲讽。

那么，对于鲁迅而言，庄子是否就只是个无法去除其糟粕之处的破烂呢？可以想象，如果向他本人提问，或许会得到一个肯定且"随便"的回答。再比如，在鲁迅临死前所写的辛辣箴言中，也有一篇提及了庄子：

"庄生以为'在上为乌鸢食，在下为蝼蚁食'〔《庄子·列御寇》〕，死后的身体，大可随便处置，因为横竖结果都一样。我却没有这么旷达。假使我的血肉该喂动物，我情愿喂狮虎鹰隼，却一点也不给癞皮狗们吃。……"（《半夏小集》，1936[1]）

说来，鲁迅以韩非之毒驳倒庄周，将庄周之毒展现在众人面前。尽管如此，这会不会是鲁迅在临死之前，对庄子的"幽默的憎恶"呢？

木山英雄《庄周韩非之毒》，《一桥论丛》第69卷，第4号，第345页

在《故事新编》中，鲁迅尽情地描写了女娲、嫦娥、羿、禹、伯夷、叔齐等有传奇色彩的人物，以及六朝志怪与唐传奇中登场的神仙人物，并将老子、孔子、墨子、庄子编排入内。其中既有超越世俗的向量，也有贴近世俗的向量，这使"小说"的空间变得极度紧张。对于鲁迅而言，古老的"小说"只存在于"骗人"的张力之中。而"独与天地精神往来，而不敖倪于万物，不谴是非，以与世俗处"（《庄子·天下》）的庄子，显然是具有这种张力的。

实际上，前述鲁迅《中国小说史略》及《中国小说的历史的变迁》这两部中国文学史，均是以《庄子》的文字作为开头："饰小说以干县令。"（《庄子·外物》）鲁迅将这句话解释为借

---

[1] 见《鲁迅全集·六》，人民文学出版社，1981年，第597页。

由"小说"以寻求"高名"与"美誉",并认为这里所说的"小说"只是"琐屑之言",与"道术"(道家学说)没有关系〔鲁迅《中国小说的历史的变迁》,《鲁迅全集·九》,第301页〕。尽管如此,虽然"小说"一词最早的用例是出于《庄子》,但这样的开头却让人觉得有些奇怪。连同前后,这段文字在《庄子》中是这样的:

夫揭竿累,趣灌渎,守鲵鲋,其于得大鱼难矣;饰小说以干县令,其于大达亦远矣。

《庄子·外物》

也就是说,通过写"小说"来寻求美誉,就像钓小鱼一样,离"大达"(飞黄腾达)尚远。

但是鲁迅并非纯粹渴望"大达"的人。在解释完这段话之后,鲁迅认为,从被庄子批评为"小说"的诸家来看,庄子的著作也可以称为"小说"(鲁迅《中国小说的历史的变迁》,第302页)。看来想要逃脱"小说"之名,是十分困难的。

换言之,与我们对等的只是小鱼,是时而积水蒸发,就会变成"涸辙之鲋"的小鱼。然而,真的只限于此吗?鲋鱼自足于岸上干涸的处境,这不正是在指点我们"道术"吗?无论如何绝望,也只有将之坚持到底,这个世界方能有所变化。我想,鲁迅虽然嘲讽庄子的"出世之说",似乎看破了我们只能生活在这个世界的现实,但与此同时,他又一心押注于逆向的神秘主义。这种神秘主义,并不是将神秘设定在这个世界的彼岸,借由自心,面向彼岸来还原世界。而是认为这个世界本身就是神秘,想在变化自身的同时,触及其秘密。

第四章 | 欧美的《庄子》解读

在第一部分的最后，我想将目光转向欧美的《庄子》解读。欧美圈的中国研究，始于16世纪末传教士在中国的传教，与基督教相异的中国思想体系，如何才能与基督教相妥协，或者两者是否无法相容，这些问题得到了讨论。传教士最初只是以翻译、解释儒教文献为主，其后道教文献也逐渐进入他们的视野之中。而后，因为《庄子》具有丰富的宗教、思想元素，引起了不少人的注意。但面对近来大量的研究成果，想要遍览欧美的《庄子》研究，几乎是不可能的。尽管如此，这里还是想介绍一些具有代表性的研究，希望能从中窥见欧美《庄子》研究的一斑。

法语圈的解读（一）——马伯乐、贺碧来

福井文雅曾批评以区别道家、道教为前提的解读（参见本书第44页）。福井氏心中作为参照的，应当是不区别二者的法国学界的解读。但是，如果仔细考察，不难发现这样的解读也曾经历过

一番曲折。

马伯乐（Henri Maspero，1883—1945）著有《道教》(1950)[1]一书。在其书《附论——道家的宗教起源及其到汉代发展的历史研究》中，马伯乐批评了自己的老师沙畹（Chavannes，1865—1918）。对于沙畹所谓"道教是老庄学说腐败、堕落之后的产物"，这一区分道家、道教的观点，马伯乐认为是十分片面的，主张"寻求不死的道教"与"具有老庄的哲学思辨与神秘主义性质的道教"是相互联系的（马伯乐《道教》，第219页）。他认为寻求不死也是《庄子》的核心，列举了书中所描述的为了永生所进行的实践（即饮食法、呼吸法、精神集中法等），即使是作为"神秘主义宗师"的老子、庄子，也同样见于道教的教义之中：

因此，与六朝时期的道教完全相同，人们为了追求"永生"而专注于所有门类的方法。永生，是道教教义及其修行中不变的目标。他们认为，各家各派的老师，不过是以其独自的方法，向大家传授长生的道理。那么，即便是作为神秘主义宗师的老子、庄子，从这种观点来看，也与其他的老师没有什么不同。

同前，第225页

马伯乐的解读，被后来的学者所继承。譬如贺碧来（Isabelle Robinet，1932—2000）的《道教史——从起源到14世纪》(*Histoire du taoïsme: des origines au XIVe siècle*)。在其第一章《战国时代》第一节《哲学的道教——老子与庄子》中，贺碧来将老子、庄子作为

---

[1] 作者使用的是川胜义雄的日译本，今据日译本译出，下同。

"道教之祖"来加以论述,她是这样解读《庄子》的:

> 庄子部分继承了老子"一""静""避世"的思想,并对之有所发展,使其体系化,更有力量且更有深度。然而,庄子有很强的内化倾向,这一点与老子大相径庭。即对政治社会毫无兴趣,无为不再具有社会或政治上的意义,而只是意识的一种状态。较诸黄金社会,复归于"一"这一主题,变为了渴望与生命的流动合而为一。神秘性的要素,在综合老子辩证法式的相对主义的同时,超越了相对主义。
>
> 毋庸多言,圣人的形象,是庄子与道教的联系中最为重要的连接。其最为主要,恐怕也是最有特征的地方在于庄子坚信,不死且具有天赐的超自然能力的人,是真实存在的。……庄子所认为的圣人,其主要特点是身体及精神完全自由,能超越世界,"游"于宇宙四方。……庄子在其(被认为是最古老的)开头数篇中的描述,恐怕是所有道教圣人传记的基础。并且作为圣人存在的最早证言,成为道教探求的强有力的源泉之一。这就是圣人"乘云气",身体不曾衰老,"入火不热,入水不濡"。
>
> 贺碧来《道教史——从起源到14世纪》,第38—39页

这里所描述的,是一个继承了老子的思想,对之有所独立发展,并且最早记述了道教圣人(仙人)的庄子。贺碧来的解读,正是建立于"道家"与"道教"是相互联系的这一立场之上。

法语圈的解读（二）——毕来德

毕来德（Jean-François Billeter, 1939— ）的观点与上述的《庄子》解释不同，他有着自己独到的见解。这里让我们先看一下，根据他2000年在法兰西公学院所作的四次讲义整理而成的《庄子四讲》(*Leçons sur Tchouang-Tseu*)[1]。

将《庄子》置于中国的"遗产类思想"（毕来德《庄子四讲》，第123页）之外，是毕来德《庄子》解读的基本立场。这不仅把《庄子》从作为宗教的道教中剥离开来，并且区别了《庄子》与郭象《庄子注》所代表的玄学阐释（这一阐释将《庄子》作为哲学加以体系化，为现实中隶属于礼教世界的中国文人，提供了超越礼教世界的想象）的关系。甚至，他还质疑将《庄子》归入道家分类的合理性。

根据毕来德所说，《庄子》与《老子》不同，既没有宗教性也没有政治性（同前，第124页）。因此，对于作为宗教的道教，《庄子》仅有有限的影响，而且不应并称老庄，将《庄子》归入到道家之中。相反，在《庄子》中可以看到很强的儒家礼学思想的影响，并且与孔子的关系十分紧密。

那么，将《庄子》排除于"遗产类思想"之外，又当如何解读《庄子》？毕来德认为，应当关注《庄子》一书本身。但这有一个大前提，即把《庄子》的作者，理解为一位从自己的固有经验出发，对其进行独立思考并加以描述的"哲学家"。只要庄子是这样一位哲学家，那么他对于他者的经验以及其他哲学家的思

---

[1] 毕来德一书，作者原据法文原本译为日文。今据宋刚译本（《庄子四讲》，中华书局，2009）译为中文，并标其页码。

考应当十分敏感，并且能意识到语言的陷阱。这就是说，庄子是具有批判性的。既然如此，解读者也必须把庄子作为一位从自己的固有经验出发的哲学家，对其进行批判性的解读。这样才能站在与庄子同样的立场上来理解庄子。

对于毕来德的见解，想必立即会有不少的反对意见。可是，既然对于文本的意义，往往能从各个方面来加以解读，那么还是先让我们了解一下毕来德是具体如何解读《庄子》的吧。

毕来德四次讲义的题目分别是：第一讲《事物的运作〔即"道"〕》、第二讲《活动的机制（régime）》、第三讲《浑沌的辨明》、第四讲《主体的范式》。

第一讲，论述了《庄子》中的经验描述是与一般经验相合的。在此讲中，他提到了三位高手，即厨师（庖）丁（《庄子·养生主》）、轮匠（轮）扁（《庄子·天道》）以及孔子在吕梁瀑布遇到的游泳能手（《庄子·达生》）。尽管这三位高手在技能的熟练掌握上超出常人，但由于毕来德把以中国思想的专有术语写成的这数则记录翻译得简明易懂，从而使其重新回到我们的日常经验之中。譬如，他将"道"翻译成"事物的运作"，那么对于庖丁所达到的熟练的境界，则可以理解为是一种"事物的运作"处于自由自在表达的状态。

第二讲承继上讲，论述了在三位高手的故事里所提到的熟练的境界中，最为重要的是"活动机制"的变化。一言以蔽之，就是从"人的机制"到"天的机制"的变化，即从有意图的意识活

动,过渡到自然的无意识活动。譬如,庖丁对于熟练的过程是如此描述的:

始臣之解牛之时,所见无非牛者。三年之后,未尝见全牛也。方今之时,臣以神遇而不以目视,官知止而神欲行。依乎天理,批大郤,导大窾,因其固然。技经肯綮之未尝,而况大軱乎!

《庄子·养生主》

不过,根据毕来德的看法,熟练的过程不能简单地理解为由身体到精神的过渡。进入到"天的机制",是说精神与身体进入一种新的关系之中,由于精神离开意识,反而使身体的力量得到了解放。

在此,与冯友兰相同,毕来德引用了斯宾诺莎,并提到了其与庄子的相似之处。所引斯宾诺莎,是下述《伦理学》第三部分中的文字:

命题二 身体不能决定心灵〔精神〕,使它思想,心灵〔精神〕也不能决定身体,使它动或静,更不能决定它成为任何别的东西,如果有任何别的东西的话。

……

附释……没有人能够确切了解身体的结构,可以说明身体的一切功能。暂且不提在没有理性的禽兽那里可以观察到许多远超出人类智能的东西,和那些梦游者可以在睡梦之中做出许多为他们清醒时所不敢做的事情来。这些事情都足以表明身体自身单是按照它自身性质的规律,即可以作出许多事情来,对于这些事情那身体自己的心灵〔精神〕会感到惊讶的。

斯宾诺莎《伦理学》,第99—101页

我们并不了解身体,特别是不了解这一难以通过精神来完全掌控的身体。所谓活动进入到"天的机制",就是说让身体从有意图的意识活动得到解放,与精神建立新的关系。而最能体现解放之后身体与精神关系的,则是动物。毕来德引用"唯虫能虫,唯虫能天"(《庄子·庚桑楚》)一句,认为在身体与精神的关系上,动物远超于人类,已属于天的领域。

然而,由"人的机制"到"天的机制",其中有十分大的断裂。人一旦过渡到"天的机制",想要描述其自身经验将变得十分困难。因为语言活动,毕竟是有意图的意识活动。虽说如此,上述三位高手却能为我们讲述其熟练的境界,这是因为三人是面向于人("之人")的:

庄子曰:"知道易,勿言难。知而不言,所以之天也;知而言之,所以之人也。古之人,天而不人。"

《庄子·列御寇》

不过,即使是面向于人,其讲述也是有限的。且看下面的引文:

颜渊问仲尼曰:"吾尝济乎觞深之渊,津人操舟若神。吾问焉,曰:'操舟可学邪?'曰:'可。善游者数能。若乃夫没人,则未尝见舟而便操之也。'吾问焉而不吾告,敢问何谓也?"

仲尼曰:"善游者数能,忘水也。"

《庄子·达生》

孔子用来补足船夫("津人")未言之处的,正是忘却("忘")。由此,毕来德提出了"忘"这一问题,认为"天的机制"中包含有忘却这一机制。当自然且必然的活动达到圆满,则将过渡到更高的机制之中,而这一机制就是忘却自己,拿《庄子》的话来说,就是"游"的状态。

第三讲,论述了忘却与"游"这两个问题,其中有三则重要的引用。第一则引用,是孔子与颜回的对话:

颜回曰:"回益矣。"

仲尼曰:"何谓也?"

曰:"回忘仁义矣。"

曰:"可矣,犹未也。"

他日复见,曰:"回益矣。"

曰:"何谓也?"

曰:"回忘礼乐矣。"

曰:"可矣,犹未也。"

他日复见,曰:"回益矣。"

曰:"何谓也?"

曰:"回坐忘矣。"

仲尼蹴然曰:"何谓坐忘?"

颜回曰:"堕肢体,黜聪明,离形去知,同于大通(大道),此谓坐忘。"

仲尼曰:"同则无好也,化则无常也。而果其贤乎!丘也请从而后也。"

《庄子·大宗师》

所谓"坐忘",乍看起来似乎是指不理会外界与他者,封闭自己,转入到彻底的非活动状态之中,但毕来德认为,这种看法不过是受制于西方思想对事物的理解而已。"坐忘",是指在各种情况之中,都能以正确且必然的方式来应对事物。这种状态,也可以用"游"来表示。第二则引用,是孔子与老聃的对话:

孔子见老聃。老聃新沐,方将被发而干,慹然似非人。孔子便而待之,少焉见,曰:"丘也眩与,其信然与?向者先生形体掘若槁木,似遗物离人而立于独也。"

老聃曰:"吾游心于物之初。"

孔子曰:"何谓邪?"

曰:"心困焉而不能知,口辟焉而不能言,尝为汝议乎其将。"

《庄子·田子方》

对于这里老聃所说的"游心于物之初",毕来德说:"其意识抛却了一切实践的心思,一切意愿,任随一个平静下来的身体知觉来带动自身。这乃是'游'的一种形式。"(毕来德《庄子四讲》,第83页)也就是说,在"天的机制"之中,"游"是其上位机制,这是一种能让处于"静"的身体得以完全自由放开,精神随着身体而运作的状态。

接下来,在第三则引用中,毕来德对"心斋"加以了讨论。关于"心斋",在本书第二章后半部分的《"养形"与"养神"——〈庄子〉的神仙说与养生思想》中,已有言及,在此再将相关部分引述如下:

> 仲尼(孔子)曰:"若一志〔心思〕,无听之以耳而听之以心,无听之以心而听之以气。听止于耳,心止于符。气也者,虚而待物者也。唯道集虚。虚者,心斋〔心的斋戒〕也。"
>
> 《庄子·人间世》

庄子所关注的,是不动或者说静的实践。这里最为重要的是,作为"心"的高级概念,庄子提出了"气",认为要"听之以气"。毕来德将之解释为"用身体聆听"(毕来德《庄子四讲》,第86页)。然后通过"心斋"这种精神修养,最终庄子回归到了"意识和主体性的基础"(同前,第85页)。而这就是身体顶点,即"虚",即"浑沌"。虽然如此,但并不会因此失却"主体性"。因为"虚"或"浑沌"孕育了作为"活性的虚空"的主体性(同前,第88页），使主体性得以恢复。

那么，在被称为"忘""游""心斋"的最高级的活动机制中，人会变成怎样呢？在第四讲中，毕来德认为这一变化是"〔让自己〕接受最谦卑的生存"（同前，第108页）。他以受壶子（壶丘子）教导之后，列子的变化作为例子：

> 然后列子自以为未始学而归，三年不出。为其妻爨，食豕如食人。于事无与亲，雕琢复朴，块然独以其形立。纷而封哉，一以是终。
>
> 《庄子·应帝王》

毕来德认为，同样之事还见于孔子（《庄子·天运》中老聃与孔子的对话）。孔子也是对其才能颇为自负，埋怨他人不能接受自己，但经过与老聃的对话，方才意识到自身变化的重要。

以上介绍了毕来德《庄子》解读的概略，那么对于《庄子》的解读，他开创了怎样的新范式呢？我认为，毕来德解读的核心，在于从"人的机制"过渡到"天的机制"，并且是过渡到即使是在"天的机制"之中也是处于上位的"游"。可是，仅凭这点，是否足以区别于中日《庄子》解读中的常见类型？的确，从细部来看，毕来德对身体的关注颇有启发意义，而且将《庄子》从"遗产类思想"中剥离出来，思考其与儒家礼学的关系，这一点也颇有说服力。然而，从整体来看，毕来德的解读稍显单薄。因为其最终不过是从维特根斯坦那里得到启发，以所谓"经验描述"的哲学模式来解读《庄子》而已。

我们必须要问的是,在描述能够一般化的经验之外,《庄子》是不是也指出了经验结构自身绝非单一,并且看到了从一个结构到另一个结构的变化?换言之,与其说《庄子》想要准确地进行一般性的"经验描述",不如说试图通过变化经验结构,从而接近这个世界最根本的变化。而这正是本书想要提出的新范式。

最后,且以毕来德的话作结:"只有少数视野超迈的人,在某些时刻,对可能出现的新范式有过某种预感。"(毕来德《庄子四讲》,第133页)

英语圈的解读(一)——至葛瑞汉为止

接下来让我们进入英语圈的《庄子》解读。近年来,英语圈的《庄子》解释的数量与质量,均有压倒性的发展,成果极为丰富。尽管数量繁多,亦可勉强概括其特点:其一,是在《庄子》的内容理解方面,提出了语言这一重要的问题系。其二,是为了正确翻译《庄子》倾注了大量心血。

《庄子》的西文翻译始于19世纪。根据卫德明《庄子的翻译——文献补遗》(Helmut Wilhelm, "Chuang-tzu Translations: A Bibliographical Appendix," Victor H. Mair [ed.], *Experimental Essays on Chuang-tzu*)的整理,作为早期的翻译作品,有花之安(Ernst Faber, 1839—1899)的德译,罗斯奈(Léon de Rosny, 1837—1914)

的法译，以及巴尔福（Frederic Henry Balfour, 1871—1908）的英译。英文翻译，其后陆续出现了理雅各（James Legge, 1815—1897）、冯友兰以及亚瑟·伟利（Arthur Waley, 1889—1966）的译作，并迎来了翻译上的高峰——华兹生（Burton Watson, 1925—2017）的《庄子全集》（*The Complete Works of Chuang Tzu*, Columbia University Press）。

葛瑞汉（A. C. Graham, 1919—1991）的研究，正是以上述翻译的积累作为后盾。譬如，葛瑞汉的《庄子·齐物论》（"Chuang-Tzu's Essay on Seeing Things as Equal," *History of Religious*, vol.9, no. 2&3），在论文后半部分刊载了《庄子·齐物论》的翻译，而前半部分，则记述了在此之前的《庄子》解读的轨迹。其论文参照了华兹生、冯友兰的既有译作，并且反映了冯友兰、闻一多等中国研究者的成果，是一篇如同古典学研究范本一般细致的文献批评。

葛瑞汉这样的严密的文献批评，被后人所继承，陆续有关于《庄子》内篇、外篇、杂篇的著述年代以及外篇、杂篇的分类讨论。管见所及，对此问题，刘笑敢的《〈庄子〉篇章分类》应该是当今最为系统的著作。不仅是葛瑞汉，其书还涉及了关锋、罗根泽等中国学界的研究，以及武内义雄等日本学界的研究。

那么，葛瑞汉是如何讨论《庄子》的语言问题的？关于这一问题，必须要参照的是葛瑞汉的《庄子·内篇》（A. C. Graham, *Chuang-Tzǔ: The Inner Chapter*）。在书中，葛瑞汉列举了《庄子》思想的六个特征。即"自然"、"拒绝逻辑"、"天与人"、"齐一"、"死与残缺"以及"语言"。在"语言"部分的开头，葛瑞汉提出

了以下这样一个问题:

> 否定"道"由语言来传达的可能性,是道家为人所熟知的似非而是的隽语。《老子》的开篇,即起于"道可道,非常道"一句,这使得中国以及西方的幽默家们不禁发问:既然如此,作者为何还要写这一部书?这一讽刺,在庄子那里显得特别尖锐。庄子的散文不拘一格,议论精练,并且熟练掌握格言、逸事、格言式韵文的写作方法,是写作的高手,但庄子却对语言在传达上的可能抱有无限的怀疑。
>
> 然而,仔细来看,这一玩笑其实有些离题。因为道家想要传达的是技巧、天赋以及生活方式,所以当轮扁回答桓公,无论如何努力,也难以用语言来传达斫木的技巧之时,对此我们是能够理解并且赞成的。毫无疑问,如果某位哲学家宣称自己掌握了不能规范表达的真理,知晓难以形诸语言的现实,这自然是我们无法忍受的。但对于道家,正如先前所述〔见"齐一"一节〕,其思考的出发点并不是发现真理,发现现实。道家颇有见识地将语言的诸多局限告知我们,正因如此,其能教导我们新的看待世界的视角以及生存技巧。而为了指明这一方向,道家运用了寓言、韵文、警句等所有能够使用的语言手段。道家决不是不需要语言,相反,他们寻求一切可以利用的文学资源。正因为如此,作为哲学著作的道家经典(《老子》《庄子》《列子》),无一不在中国文学史上有着重要地位。
>
> 葛瑞汉《庄子·内篇》,第25页

换言之，葛瑞汉认为，《庄子》并不是单纯地否定语言，而是指出语言的诸多局限，在此之上，试图用语言传达那些难以用语言表述的事物。

这是因为，如果只是否定语言的可能性的话，则《庄子》中对语言活动的分类则显得毫无必要。在此葛瑞汉提到的，是在本书第三章第54页所引《天下》中，"寓言""重言""卮言"这三种语言活动的模式（在《寓言》篇中也有所言及）。葛瑞汉将之解释为："暂时'寄寓'在他人立场上的言说""站在其人权威之上的言说""是日常所用的言说，言之多则得之少，言之少则得之多，故能自由地转换其言说的视角"（同前，第25—26页）。在此之上，他认为《庄子》的言说方式几乎均是"卮言"，这与通常的《庄子》理解并无太大不同。

英语圈的解读（二）——陈汉生

然而，葛瑞汉对于《庄子》语言的理解，随后受到不少批评。王又如在其《道家庄子与禅宗佛教的语言策略——另一种言说方式》（Youru Wang, *Linguistic Strategies in Daoist Zhuangzi and Chan Buddhism: The Other Way of Speaking*）中，将对葛瑞汉的批评归纳为以下几点：

关于近年来庄子语言观的研究，值得在我的讨论中提及的，有下述两种趋势：其一，是以葛瑞汉为代表，指出了庄子对语言的否定态度与其生产性的语言运用之间的矛盾。"这一讽刺，在庄子那里显得特别尖锐。庄子的散文不拘一格，议论精练，并且熟练掌握格言、逸事、精短韵文等书写方法，但庄子却对语言在传达上的可能抱有无限的怀疑。"然而，葛瑞汉的说明，局限于庄子的语言运用及其语言模式，并未能从根本上解决上述的矛盾。关于这一矛盾，葛瑞汉所给出的唯一的解释是，这一矛盾不过是暗示庄子有着让人们意识到语言局限的能力。借助这一矛盾，庄子引导人们用不同的视角与生活方式来面对世界，也就是说庄子并非完全否定语言。

王又如《道家庄子与禅宗佛教的语言策略——另一种言说方式》，第95页

这就是说，尽管葛瑞汉指出了庄子语言观的矛盾之处（否定语言的同时，却又有丰富的语言运用），却未能解决这一矛盾。接下来，王又如所说的另一个值得提及的趋势又是什么？此即陈汉生（Chad Hansen, 1942— ）所代表的，认为庄子的语言观是主张"语言的相适性"，即事物及其分配到的名是相适合的。

虽然与葛瑞汉的庄子解释有某种程度上的联系，但陈汉生却大力主张庄子哲学中语言的相适性。由于是根据《庄子·齐物论》而作的解释，故其说较为明晰且有一致性。然而，陈汉生的问题在于，其解释并未正确评价那些涉及庄子矛盾之处的文本。与葛

瑞汉反复提及庄子的矛盾相反,陈汉生无视了庄子明确否定语言的相适性的相关文本,简单地排除了这一矛盾。

同前,第96页

那么,陈汉生的主张实际上是怎样的?且让我们看一下陈汉生《庄子的道中之道》(Chad Hansen, "A Tao of Tao in Chuang-Tzu," Victor H. Mair〔ed.〕, *Experimental Essays on Chuang-tzu*)这篇文章:

一般认为道家学说,是关于"道"这一绝对实体的形而上学的理论。然而,我并不赞成这样的观点。像这样的绝对主义的解释,时常伴随着认为道家原本就是矛盾的这种主张。在我的方法论中,这种主张被视为是解释者的错误认识。只有通过稳妥的解释来证明庄子哲学不具有一致性,认为庄子哲学是矛盾的这种观点方能成立。然而,〔对于庄子哲学的〕稳妥且非绝对主义的解释是存在的。以下,是对这种稳妥且非绝对主义的解释的讨论。庄子的道,与其说是形而上学的对象(这基本等同于规范的话语),不如说是语言性的事物,同时,庄子的理论,与其说是绝对主义的,不如说是相对主义的。也就是说,根据庄子的教导,存在着复数的道。

陈汉生《庄子的道中之道》,第24页

绝对主义的解释,即形而上学的解释。为了取代这一解释,陈汉生通过将"道"视作语言性事物,试图进行不产生矛盾的相对主义的解释。在题为"语言的相适性"的部分，他是这样阐述的：

> 庄子的怀疑主义的要点如下：我们对于事物在价值上的或描述上的范畴的分配，是时常变化的。庄子并不是说，我们被感觉所欺骗，认为在变化的现象背后，存在着某种不变的实在；也未从理论上断言，在"名"与分类的背后存在着不变的实在。《庄子》的核心问题，是所谓"言者有言，其所言者特未定"[1]这一问题。
>
> 名与范畴，区别于事物与实在（否则，范畴的分配是变化的这一主张将变得毫无意义）。然而，庄子的怀疑主义，并不需要主张实在的事物是变化的。换言之，道家的相对主义，并不需要信仰绝对、不变、永久、唯一、终极的，形而上学的道。
>
> 庄子的怀疑主义，其实与前述绝对主义的假说并不一致。如果存在单一的，绝对的，无差别的道，并以不可分割之物中存有区别作为前提，那么，则必定会得到所有的判断均是错的这一结论。这是因为所有的判断，均是以不存在的区别作为前提。不过，庄子并不是说不能判断"是非"，而是说无论对象是什么均可以判断"是非"。也就是说，庄子的主张是关于"是非"，而并不是关于终极的实在。……庄子并不是说所有的语言都是错的。相反，他认为在〔诸家间的〕以之为是、以之为非的竞争背后，并不存在绝对的基础。而"是非"的分配，是种种分配体系（视角）中的一部分。这样的分配，其相适性是内在的，且与话语体系相关联。正如庄子所说，若能完全理解这一点，我们也可以是是非

---

[1] 见《庄子·齐物论》。

非"以应无穷"[1]。

同前,第37—38页

总而言之,陈汉生对庄子进行了下述相对主义的解释:存在着复数的"道"(主张某种特定"是非"的话语体系),而"道"之中,事物与范畴(名)的分配关系被某种方法所设定。在这样的设定之中,"语言的相适性"是自明的,而分配自身则是可以自由变化的。

然而,王又如认为陈汉生的解释尚有不足。这是因为,陈汉生的解释与《庄子》的文本,而且是他所依据的《齐物论》的文本,相互矛盾:

道昭而不道,言辩而不及。[2]

《庄子·齐物论》

在此句之前,庄子又说"大道不称",即"道"是不能通过语言来言说的事物,也就是说,"道"与语言并不契合,王又如指出了这一点。虽说如此,陈汉生在讨论"语言的相适性"的时候,并不是说语言与"道"的相适性,而是说事物与"名"的分配是相适应的。那么,王又如的批评,未必符合陈汉生的思路。

---

[1] 见《庄子·齐物论》。
[2] 作者原译:"道若〔借助语言而〕明白易懂,则不是道。言若龈龈争辩,则不及要领。"

英语圈的解读（三）——王又如

尽管如此，了解一下王又如想要如何超越葛瑞汉与陈汉生，对我们来说是十分有益的。之所以这么说，也是因为最近对《庄子》语言论的解释，在方法上有所转变。即从分析哲学的语言分析，转变为解构主义的方法。王又如说道：

> 1980年代以来，道家哲学研究面对着新的挑战与批评，尤其是那些来自德里达式的思想家以及受德里达影响的研究者的挑战与批评。尽管有少数研究尝试将德里达的"痕迹""分延"与庄子的"道"相类比，或是把《庄子》称赞为1980年代的最佳文本，但还是出现了道家是逻各斯中心主义这样的批评。
> 王又如《道家庄子与禅宗佛教的语言策略——另一种言说方式》，第1页

> 这〔陈汉生把自己归入分析哲学传统一事〕最能展现其语言决定论的根源，即相信某种语法结构——在陈汉生这里是指物质名词句法〔指不可数物质名词的排列规则〕——是中国式语言运用以及中国式思考方法的基础。这是乔姆斯基式的科学主义命题的变种。
> 同前，第11页

如上所示，王又如虽然继承了受雅克·德里达影响的美国20世纪80年代解构主义的解读方法（通过颠覆基于二元对立的理论

体系,从而拓展新问题领域的解读),却对乔姆斯基、陈汉生一派的语言决定论展开了批评,并试图将《庄子》从被视作"逻各斯中心主义"(只有通过语言才能够把握真理的观点)的立场中解脱出来。其独自的方法论,正如其所说的那样,是"没有后现代主义(postmodernism)的后现代(postmodern)的方法"。换言之,就是在进行解构的同时,也能认识解构之局限的方法论。那么,具体而言,王又如是怎样解释庄子的呢?且看以下引文:

至此,我们可以得出这样的结论:"不言之言",是一种超越规范的、边缘的言谈。是以不言这一方式来言说。这是一种语言上的曲折与迂回,如同游戏在发言与沉默、有言与不言的边界一般。这不是规范化、物化的言谈,也不是彻底的沉默。正因其边缘性以及游戏性,故能逃脱所有的二元对立。在这种意义上,"不言之言"超越了发言与沉默。其语言限度〔iminological〕性质,一般包含以下两个方面。一方面,包含在语言自身之中的"无",只能通过语言——这是庄子唯一所能使用的工具——来表达。那么,唯一的办法,就是用语言反过来对付其自身,允许语言对其自身使用暴力。换言之,在言说某事(从接受的意义来说)的同时,又必须将其抹消,并宣称语言是"无"。如此,方才真正能够言说某事,并且不会陷入形而上学或是逻各斯中心主义的陷阱里。这一策略,可以追溯到《道德经》开篇令人愕然的一句。老子用相同方式说道:"道可道,非常道。"

通过自我抹消,新的语言策略、新的语言形式逐渐出现,并得到发展。因此,另一方面,是从形而上学的或物象化的语言撤退,暗示不能言说者在言说,这是在语言之中对于不存在于语言之中的事物,产生出相关联的影响。如此,则一切不能言说的事物,或者说一切难以命名的事物(即不适合用语言表达的事物),得以表达,得以接近。庄子在语言上的曲折与迂回,如同游戏于能言与不能言的边界之上。如果我这样的描写,亦即我对庄子的语言策略的解释能够成立的话,那么看上去摇摆于发言与沉默之间,或者说是摇摆于所谓的对语言的否定态度与高度生产性的言说写作之间的庄子,这些表面上的矛盾必然可以得到消解。

同前,第107—108页

王又如通过"不言之言",消解了葛瑞汉研究中庄子对语言的否定态度与其生产性的语言运用之间的"矛盾"。并且,还想要超越陈汉生所主张的"语言的相适性"。

但是,王又如所说的"不言之言",即"在言说某事的同时,又将其抹消"这种"自我抹消",不就是"逻各斯中心主义"的核心装置吗?其不过将作为根本的逻各斯的隐喻,进行了特权化。实际上,关于《庄子》中的"忘言"(语言的忘却),王又如所做的解释看起来略为朴素。而引用的,正是为人所熟知的筌蹄典故的出处。

筌〔捕鱼的装置〕是捕鱼的手段,得到了鱼,就忘却了筌。蹄〔捕捉动物的陷阱〕是捉兔子的手段,得到了兔子,就忘却了蹄。言是获取意的手段，得到了意，就忘却了言。我在哪里能遇见这样的忘言之人，并与他交谈呢？

《庄子·外物》[1]

对于"忘言"，王又如是这样解释的：

> 语言的忘却这一概念，是以运用语言作为前提的。只有运用语言才能忘却语言。忘却是较语言运用更高的层次，达到了这一层次，必然不会陷入语言的陷阱。因此，忘却这一概念，并不意味着放弃语言，反而是告诉我们，要更好地言说，更好地表达，取得更好的结果。
> 王又如《道家庄子与禅宗佛教的语言策略——另一种言说方式》，第103页

能够"更好地言说，更好地表达，取得更好的结果"的"忘言"，可以说是语言运用的理想状态。但是，这不就成了无法施加任何批评的语言运用吗？对于忘却了自身的语言，谁又能在什么地方加以怎样的批评呢？如后所述，"忘言"这一概念，是经过王弼的颠覆，被改造成了形而上学的概念。王又如应该不会不知道这一点，这恐怕是某种忘却吧。我想，王又如所谓的"解决"，并不是其人所期待的解构主义，而其"没有后现代主义的现代主义的方法"，反而让潜藏在《庄子》中的语言的形而上学显露无遗。

那么，葛瑞汉研究中的"矛盾"，似乎难以用王又如的方法

---

[1]《庄子》原文："筌者所以在鱼，得鱼而忘筌；蹄者所以在兔，得兔而忘蹄；言者所以在意，得意而忘言。吾安得忘言之人而与之言哉？"

来解决。其实，无论是葛瑞汉，还是陈汉生，本来就不是通过将"道"设定为超越语言的实体，去主张语言的相对性或二次性。也就是说，他们的主张，并不是通过否定语言来恢复"道"这种朴素的观点。"道"也是具有语言性的，其不过是语言活动的效果。如此，对语言的否定，究竟是为了什么？其中之一，即如同王又如所论，通过"忘言"，可以取得更为经济的效果（即"更好地言说，更好地表达，取得更好的结果"）。然而，这样不就强化了这个世界的机制吗？《庄子》对语言的否定，是不是还有另外的活力呢？这是本书第二部分想要解答的问题。

英语圈的解读（四）——其他

在进入第二部分之前，且让我们概览一下英语圈中《庄子》解读的其他动向。在20世纪80年代，《庄子》被视作最佳文本，形成了一股《庄子》热潮。其中，最早出版的是梅维恒所编《庄子的实验性论文集》（Victor H. Mair〔ed.〕, *Experimental Essays on Chuang-tzu*）。由于此书并非面向专家，而是想要启迪一般的读者，因而收入了很多非中国研究者的文章（如本书开头所介绍的汤川秀树的《知鱼乐》一文，即作为其书的第三章被刊载）。在序文中，华兹生讨论了自己翻译《庄子》的经过，而第一章是葛瑞汉《道家的自然与"is"（存在）、"ought"（应当）的二分》[1]，第二章则是陈汉生《庄子的道中之道》。庄子的怀疑主义、相对主义以及什

---

[1] A. C. Graham, "Taoist Spontaneity and the Dichotomy of 'Is' and 'Ought'".

么是超越自然的规范,是其书主要关注的问题系。

其后,以夏威夷大学出版的两种杂志——《中国哲学杂志》(Journal of Chinese Philosophy)与《东西方哲学》(Philosophy East & West)——为中心,出现了大量的解构主义解读。作为其总结的是,乔柏客与艾文贺合编的《〈庄子〉怀疑主义、相对主义、伦理学论文集》(Paul Kjellberg and Philip J. Ivanhoe〔eds.〕, Essays on Skepticism, Relativism, and Ethics in the Zhuangzi)。这一论文集,是献给1991年去世的葛瑞汉的,而从题目也能看出葛瑞汉问题系的影响。其收录的论文,继承了解构主义解读,以及葛瑞汉式的逻辑分析、语言分析的方法。

而在两年之后,安乐哲所编《逍遥游于〈庄子〉》(Roger T. Ames〔eds.〕, Wandering at Ease in the Zhuangzi)出版。并且,在《逍遥游于〈庄子〉》所属的SUNY[1]系列中,还出版了顾史考所编《藏天下于天下——〈庄子〉的非齐同的论说》(Scott Cook〔eds.〕, Hiding the World in the World: Uneven Discourses on the Zhuangzi)。两部论文集,涉及的《庄子》问题颇为广泛,而所收论文,皆有其独到的观点。

以上,匆忙回顾了近现代《庄子》解读的种种面貌。接下来,让我们带着余下的问题进入《庄子》的解读之中。

---

[1] SUNY是"纽约州立大学"(The State University of New York)的首字母缩写,此为纽约州立大学出版社(SUNY Press)系列丛书的名称。

第二部分

畅游作品世界 以物化的核心为主线

第五章 | 《庄子》的语言思想
——共鸣的口说

通过之前的论述,我们对古今中外《庄子》解读的多样性及其深度已经有了一定的了解。以此为基础,在第二部分,笔者想尝试揭示《庄子》解读的新的可能。具体而言,即通过语言、道、物化与齐同、他者、自由这几个视点来进行解读。

筌蹄故事的读法

首先,让我们来思考一下《庄子》的语言问题。如上所述,这一问题是英语圈《庄子》解读的中心话题之一。在此,让我们重新探讨一下,王又如作为"无言之言"的范例所举出的"忘言":

> 筌者所以在鱼,得鱼而忘筌;蹄者所以在兔,得兔而忘蹄;言者所以在意,得意而忘言。吾安得夫忘言之人而与之言哉?
>
> 《庄子·外物》

引文最后的一句,王又如是这样翻译的:"我在哪能遇见这样的忘言之人,并与其交谈呢?"即将其解读为庄子想要遇到忘言之人。之所以如此,是因为王又如积极地想将"忘言"解读为"无言之言"。在他的设想中,"忘言之人"是理想的,是无论如何想要见面的对象。

在现代日本的《庄子》翻译中也能看到相同的倾向。

将体验的真实作为第一义的人类,即是志于道的庄子式的自由人。无论如何也想跟这样的自由人见上一面,用无言之言、不言之言去谈谈超越人类语言的真理——无为自然的"道"。

福永光司《庄子·杂篇》上,第276—277页

不知哪一天,能遇到把语言忘得干干净净的人,用超越语言的语言,跟他好好谈谈各自的思想——这正是我热切想望之事。

池田知久《庄子》下,第308页

两者的解读,均认为庄子期待与"忘言之人"交谈,而此事即使困难,交流也是可能的。

然而,《庄子》此句,真的是在积极肯定与"忘言之人"交谈的可能性吗?此句之前,庄子讨论的是"言"(语言)与"意"(意图、意义)以及两者的关系。既然如此,很难认为与"忘言之人"交谈的可能性已经包含在前提之中。庄子想要问的,是传达的可能性这一难题(aporia),即"意"的传达必须借助于"言",

然而"言"又同时有损于"意"。那么,此处不应把"忘言"简单归入到"无言之言"这一更高维度的语言活动之中。不妨将此句解读为庄子的讽刺,即"意"的传达完成之后,必须舍去"言",但又如何与已经舍去"言"的"忘言之人"交流呢?这样的解读,可能更能具象地展现这一难题。

因而,我想把此句解读为庄子的反问,即"如果遇见了这样的忘言之人,我是否能与他交谈呢?这显然是非常困难的"。作为这一解释的补充,且让我们回顾一下旧注。

对于《庄子》此句,郭象并未加注,而成玄英疏则有如下言论:

> 此合喻也。意,妙理也。夫得鱼兔,本因筌蹄,而筌蹄实异鱼兔,亦犹玄理假于言说,言说实非玄理。鱼兔得而筌蹄忘,玄理明而名言绝。夫忘言得理,目击道存。其人实稀,故有斯难〔与其人的见面、交谈的困难〕也。

根据成玄英的解释,与"忘言之人"交流实为困难。之所以如此,是因为"忘言之人""实稀"。不过,成玄英为何说忘言之人是十分稀少的呢?当然,从事实上来看,达到这一境界的人确实很少,但更为重要的是,从权利上来说"忘言"这一行为本身是极为困难的。而且,即使万一真有实现"忘言"之人,因为其人处在理想的境界之中,想要与其对话显然也是颇为困难的。

换言之,《庄子》的最后一句,指出了潜伏在"意""言"难题的背后，与他者对话的问题。忘却语言，纵使在"孤独的心灵生活"（胡塞尔）中能够成立，但在与他者交流（communication）的层面，是否没有意义呢？而从最终来说，如果不能把与他者的交流彻底排除在语言之外的话，"得意忘言"是否是无法言说的呢？把与他者的交流彻底排除在语言之外，显然是不可能的。因而，在此有必要重新思考"忘言"自身的意义。

与他者交流的可能，是导致不能"忘言"的原因。如果《庄子》的筌蹄故事中，确实存在这一讽刺的话，那么《庄子》对于"忘言"的意义，也应当有十分慎重的思考。也就是说，对于《庄子》而言，虽然有阻碍意思传达与交流的一面，但同时也是使意思传达与交流变为可能的先决条件，不能简单地忘却。这也意味着在《庄子》之中，他者这一维度是不能舍弃的。

那么，为什么王又如与其他的解读，都将此句解释为想要遇见"忘言之人"呢？这是因为，在《庄子》注释史中，一直是以形而上学式的方法来解读此句，即树立更高维度的"无"这一审级，并将语言划分为不同层次。而这一解读，便是出于魏人王弼。

王弼对《庄子》的颠覆——"无名"的逻辑

以下为王弼提及《庄子》筌蹄故事之处。王弼将"意""言"关系作为问题，对其进行了崭新的形上学的解释。在解释之时，王弼援引《易·系辞上》，将"象"这一代表《易》卦的象征性语言导入了"意""言"问题之中：

> 夫象者，出意者也。言者，明象者也。尽意莫若象，尽象莫若言。言生于象，故可寻言以观象。象生于意，故可寻象以观意。意以象尽，象以言著。
>
> 故言者所以明象，得象而忘言。象者，所以存意，得意而忘象。犹〔《庄子·外物》所言〕蹄者所以在兔，得兔而忘蹄。筌者所以在鱼，得鱼而忘筌也。然则言者，象之蹄也；象者，意之筌也。
>
> 是故，存言〔而不忘〕者，非得象者也；存象〔而不忘〕者，非得意者也。象生于意而存象焉〔即不得其意〕，则所存者乃非其象也；言生于象而存言焉〔即不得其象〕，则所存者乃非其言也。
>
> 然则，忘象者，乃得意者也。忘言者，乃得象者也。得意在忘象，得象在忘言。故立象以尽意，而象可忘也。重画以尽情，而画可忘也。
>
> 王弼《周易略例·明象》

此处王弼的议论，有两个特点：其一，将《易·系辞上》中特权性语言"象"，插入到"言""意"之间。其二，颠倒"得意忘言"的顺序，认为只有事先忘却语言，才能得意，即"忘象得意"。

且让我们来分析一下第一个特点。《易·系辞上》的议论如下文所示:

子曰:"书〔书面文字〕不尽言,言〔口头言语〕不尽意。"然则圣人之意,其不可见乎? 子曰:"圣人立象〔象征性语言〕以尽意,设卦〔六十四卦〕以尽情伪〔真伪〕,系辞〔卦爻辞〕以尽其言。〔在此之上,〕变而通之以尽利,鼓之舞之以尽神〔神秘的作用〕。"

无论是书面文字,还是口头言语,均不能完全表达"圣人之意"。然而,如果"圣人之意"不能表达,那么即便我们接触到圣人的文字或言语,也不能以之为据。因而《易·系辞上》在此导入了构成《易经》的特权性语言,即"象""卦""辞"。

王弼之时,言尽意、言不尽意论(即语言是否能达意)颇为流行。以之整理《易·系辞上》之说,则可作以下解读。即《易·系辞上》虽然以为一般的语言活动是"言不尽意",但为了挽救"圣人之意"这一超越性的"意",导入了"象""卦""辞"等特权性语言,认为通过这些特权性语言,是可以"言尽意"的。

王弼想将《易·系辞上》这两个相异的主张合二为一,即以"象"来代表特权性语言,并将其插入到"言""意"关系之中。如此,则在一般的语言活动之中,也能达到"言尽意"的境界。

这一论证,与王弼议论的第二个特点,即颠倒"意""言"

顺序有着密切的关系。试将王弼的议论条列如下：

A."意"可以被语言（"象"以及"言"）所充分表达。
B.如若得"意"，则语言会被"忘"却。
C.为了得"意"，语言必须被"忘"却。

王弼的议论是由 A 阶段开始的。"意"可被"象"所尽，"象"可被"言"所尽，此即上述王弼议论的第一个特点。虽说如此，王弼并不认为语言可以无条件地充分表达"意"。在 B 阶段，王弼取法《庄子》筌蹄故事的逻辑——"得意忘言"，论述"语言的忘却"，其后又将"意""言"关系颠倒，此乃 C 阶段，即只有语言被忘却之后，方能得"意"。此处，王弼对语言（"象"及"言"）进行了一番形而上学式的操作，也就是说为了得"意"，语言必须变成"被忘却的语言"。适合于尽"意"的只有"被忘却的语言"。

不难发现，王弼对"意""言"的颠倒以及"被忘却的语言"这一强有力的主张，其影响一直延续到了王又如等现代《庄子》解释之中。那么，这一逻辑的背后，有着怎样的思想背景呢？这就是第一部分曾提到的，由于王弼而得到发展的"无"的形而上学。

王弼认为，"无"是超越"有"的维度，是产生"有"并作为"有"的基础的。"忘言"或者说"忘象"，与《庄子》不同，王弼并不认为其为"有"，而是将之置于"无"的维度之中。

言之者失其〔"道""玄""深""大""微""远"所指事物〕[1]常,名之者离其真,为之者则败其性,执之者则失其原矣。是以圣人不以言为主,则不违其常;不以名为常,则不离其真;不以为为事,则不败其性;不以执为制,则不失其原矣。

王弼《老子指略》

名虽美焉,伪亦必生。

王弼《老子》第三十八章注

至真之极,不可得名。无名,则是其名也。

王弼《老子》第二十一章注

如同此处所引《老子》注释所言,王弼认为,语言孕育了威胁作为真理之"意"的"伪",产生出"失""离""违"等负面作用。这就是说,虽然语言能在某种程度上表达"意",但同时也会有损其真理性及纯粹性。

既然如此,在使用语言的同时,我们也必须通过某种手段,消除语言有损于"意"的负面作用。那么,应该如何解决这一问题呢?如果停留在A阶段,则只会有损"意"的纯粹性。为了避免这一问题,在提升语言表达"意"的能力的同时,则又必须立刻忘却语言。因而,王弼在B阶段,特意导入了《庄子》的

---

[1] 此段引文之前,《老子指略》云:"夫'道'也者,取乎万物之所由也;'玄'也者,取乎幽冥之所出也;'深'也者,取乎探赜而不可究也;'大'也者,取乎弥纶而不可极也;'远'也者,取乎绵邈而不可及也;'微'也者,取乎幽微而不可睹也。然则'道''玄''深''大''微''远'之言,各有其义,未尽其极者也。"

筌蹄故事。但是，在提升了语言的表达能力之后，才对语言的负面性加以禁止，则难以完全保存"意"的纯粹性。因而，有了C阶段的对"意""言"的颠倒。即在语言的负面性发生作用之前，从一开始就忘却语言。如果事先忘却语言，在"无名""忘言""忘象"等"无"的维度即对语言加以扬弃的话，那么在"有"的维度，语言的负面作用将无法发动，纯粹之"意"也得以表达。王弼所追求的，正是这样的忘却。

然而，我们不能就这样认同王弼的逻辑。难以让人赞同的，不仅是这一逻辑在实际上并不可能，而且还因为其背后隐含着最为暴力的可能。王弼的逻辑，为了在语言实际发动之前还原语言的他者性，便装作什么事情也没有发生，试图事先抹消语言的一切痕迹。如同说过去并不存在，这是对一切过去的否定，即否定与现在不同的事物、与此处不同的事物、与自己不同的事物。这是否认所有类型的时间性或历史性。语言之死，也就是时间之死。在王弼描绘的纯粹无瑕的"意"的世界之中，不再有事情发生，时间也不复存在。

"意"与语言——当下与不在，生与死

让我们重新回到《庄子》。筌蹄的故事，并不需要像王弼那样，用"忘象得意"这样的颠倒的方式来理解，而且他的解释也并不切合原意。《庄子》说的是，"言"作为得"意"的手段，是

可以忘却的,或者说忘却了会更好,但即便如此,我们也无法消灭"言"。这意味着,即使在意识到语言所带有的负面作用(我们表达他者之"意"的同时,又有损于"意"的纯粹性),但语言并不能照我们的意愿随意地还原。

关于语言的负面性,《庄子》对书面文字的问题尤为担忧:

> 世之所贵道者书也,书不过语,语有贵也。语之所贵者意也,意有所随。意之所随者,不可以言传也,而世因贵言传书。世虽贵之,我犹不足贵也,为其贵非其贵也。
>
> 《庄子·天道》

> 桓公读书于堂上,轮扁斫轮于堂下,释椎凿而上,问桓公曰:"敢问公之所读者何言邪?"
>
> 公曰:"圣人之言也。"
>
> 曰:"圣人在乎?"
>
> 公曰:"已死矣。"
>
> 曰:"然则君之所读者,古人之糟魄已夫!"
>
> 桓公曰:"寡人读书,轮人安得议乎!有说则可,无说则死。"
>
> 轮扁曰:"臣也以臣之事观之。斫轮,徐则甘而不固,疾则苦而不入。不徐不疾,得之于手而应于心,口不能言,有数存焉于其间。臣不能以喻臣之子,臣之子亦不能受之于臣,是以行年七十而老斫轮。〔与之相同,〕古之人与其不可传也死矣,然则君

之所读者，古人之糟魄已夫。"

《庄子·天道》

孔子谓老聃曰："丘治《诗》《书》《礼》《乐》《易》《春秋》六经，自以为久矣，孰知其故矣；以奸者七十二君，论先王之道而明周、召之迹，一君无所钩用。甚矣夫！人之难说也，道之难明邪！"

老子曰："幸矣，子之不遇治世之君也！夫六经，先王之陈迹也，岂其所以迹哉！今子之所言，犹迹也。夫迹，履之所出，而迹岂履哉！"

《庄子·天运》

第二则引用，是在前述第一部分中，毕来德曾提到的高手故事中的一则。但是，其议论的中心，显然说的并不是高手的技艺由"人的机制"过渡到"天的机制"。从前后两则引用加以考量，此处存在着意→言（语）→书这一层级结构，其中，"被书写的"或是说"书面文字"是最末的，最差的，而与之相对的"意"则是最为根本的，语言也难以传达其精彩。

如此，书面文字作为"迹""糟魄"，被认为没有太大价值，是必须加以忘却和抑制的。之所以这么说，是因为在孔子与老聃的对话（第三则引用）中，由于"迹"（足迹）被误解为"履"（鞋子），从而妨碍了"履"的行走；而轮匠扁的故事中，书籍妨碍了精巧技艺的传承。总之，书面文字，因为妨碍纯粹之"意"的传达，而受到了批判。

反过来想，意→言→书这一层级结构中的顶端——"意"，与其说是不能传达的，不如说在语言的传达中，"意"容易被损害。不过，这是为什么呢？其答案就在轮匠扁的故事之中："圣人在乎？""已死矣。""然则君之所读者，古人之糟魄已夫！"如其所言，"意"并不能离开活着的人、生存在当下的人。然而，语言，特别是书面文字，在"意"不在之时，也能发挥作用。如果与生作为对比，那么语言当属于死。总之，由于语言导致了"意"的不在与死，因而语言从根本上损害了"意"。

不过，这里有一关键的难题。即从当下及生的维度发现的"意"必须要传达，但传达却只能依靠导致不在与死的语言。轮匠扁叹息不能将技艺传授给自己的儿子。无论是扁还是其子均无法传达当下之"意"。这或许是因为轮匠扁的"意"过于纯粹。然而，无法传达，便意味着"意"的不在、"意"的死亡。如此，在被语言损害之前，"意"已被不在与死亡的阴影所覆盖。在此，让我们再次回到筌蹄的故事。"忘言之人"即便是理想的，与之交谈也不可能。尽管如此，想要理解"意"，仍不得不使用语言。因为即使语言对"意"有所损害，但没有了语言，"意"也就不复存在了。

然而，语言的传达其所带来的只有"意"的损害吗？语言所打开的交流的可能，并不能仅仅归结为"意"的传达的成功或失败，语言显然还打开了其他的维度。

"庄子"——最为根本的口说（oralité）

这里必须要考虑的是，在《庄子》之中，除了对语言的不信任之外，却在某种方式上对语言有着根本上的信任。譬如下述之例：

> 夫言非吹也，言者有言，其所言者特未定也。果有言邪？其未尝有言邪？其以为异于鷇音，亦有辩乎，其无辩乎？道恶乎隐而有真伪？言恶乎隐而有是非？道恶乎往而不存？言恶乎存而不可？道隐于小成，言隐于荣华。故有儒、墨之是非，以是其所非，而非其所是。欲是其所非而非其所是，则莫若以明。
>
> 《庄子·齐物论》

儒家与墨家之间，有着是非判断上的对立。之所以如此，是因为"道"与"言"被隐蔽了。而如果站在对两家均能认同的"明"的角度来思考，则可以回到"道""言"无隐的状态。这一状态就如同风吹之声、鸟鸣之音一样，最为根本的口说（声音）鸣荡其间。由此不难联想，"道"与"言"原本是人所发出的声音。人所发出的声音，并非只存在于是非对立这一维度之中，亦并非仅用于"意"的传达。这就如同世界中存在着喧闹或噪音一样，原始的口头言说，也存在着脱离意义功能的鸣荡。

关于口说的鸣荡，《庄子》中有以下描述：

> 子綦曰:"夫大块噫气,其名为风。是唯无作,作则万窍怒呺。而独不闻之翏翏乎?山林之畏佳,大木百围之窍穴,似鼻,似口,似耳,似枅,似圈,似臼,似洼者,似污者;激者,謞者,叱者,吸者,叫者,譹者,宎者,咬者,前者唱于而随者唱喁。泠风则小和,飘风则大和,厉风济则众窍为虚。而独不见之调调,之刁刁乎?"

《庄子·齐物论》

此为《齐物论》开头的一段,对"地籁"(大地的声音)进行了生动的描写。在《庄子》的设定之中,"地籁"夹在"人籁"(人发出的声音)与"天籁"(天的声音)之间。在天地人的所有层次之中,这个世界充满了种种声音。一般情况下,人并不能察觉到这些声音。之所以如此,是因为这些声音就是常说的"背景噪音"(background noise)。

对于以"意"的传达为目的的交流来说,语言中存在着刺耳、刺眼等让人不顺心的地方。正因如此,人们想要支配语言,排除语言中一切有碍于"意"的传达的事物。"书面文字"当然是最先被人们所排除的,而口说也作为"背景噪音"被排挤到了一旁。作为伊曼纽尔·列维纳斯(Emmanuel Lévinas)与莫里斯·梅洛-庞蒂(Maurice Merleau-Ponty)的英译者而知名的阿方索·林吉斯(Alphonso Lingis, 1933—),他对于与他者相遇的问题有着长时间的思考,他这样说道:

交流,是将信息从背景噪音以及信息内在的噪音之中抽取出来的过程。交流,是与干扰、混乱的斗争。这是与必须回归背景之中的与意义无关的模糊的信号,以及方音、错误的发音、未能听到的发音、口齿不清、咳嗽、叫喊、中途停止而未说全的词语、与文法不合的表达等等——这些包含在对话者发给对方的信号中的令人不悦的声音、难以释读的文字——的斗争。

阿方索·林吉斯《毫无共同之处的人们的共同体》[1],第100页

然而,对于以"意"的传达为目的的交流来说,"背景噪音"是不可或缺的。这是因为,如果没有"背景噪音",人绝不可能触及个体的经验。"背景噪音"是由"生命的杂音"——人,以及与人相对的存在者,两者的特异性——所构成的:

作为信息传递行为的动因,我们是可互换的。然而,我们的唯一性以及无尽的可辨性,是从我们的叫喊、嘟囔、欢笑、眼泪等生命的杂音中,被发现的,被听见的。

同前,第124页

在此,让我们看一下林吉斯使用的颇为庄子式的表达:

奥利维埃·梅西安〔Olivier Messiaen〕在创作《时间·色彩》〔"Chronochromie"〕之时,对鸟叫进行了大量录音,但他并未将热带雨林鸟类所发出的庞大的信号,直接作为音乐、节奏、和声、

---

[1] 译者注:作者所用为野谷启二日译本,今据之译出。

旋律。在《时间·色彩》中，锣、铃、钢块、钢管等金属的声音，桃花心木、橡木、竹子等竹木的声音，弦、鼓等动物皮革的声音，掸子的纤维声，弦索、树脂、液体的声音，这些声音变成了无数鸟类所发出的狂野、欢快的喧嚣。而当我们倾听之时，这些声音再次转化为我们自身的声音。

之所以如此，是因为我们在传递信息之时是连同背景噪音一同传递的，而我们自身也在传递背景噪音。大地、海洋、天空的脉动，在我们的身体中被捕获、凝结、展开，随后从我们身体中解放出来，当其回响随着风与海浪到达我们耳中之时，交流即随之成立。

同前，第130页

"背景噪音"，正是让交流成为可能的先决条件。而这也说明了没有"背景噪音"，毫无障碍的交流是不可能的。"背景噪音"，"在我们的身体中被捕获、凝结、展开，随后从我们身体中解放出来"，如此不断循环。用《庄子》的说法来说，如同"地籁"中风让所有的窍穴鸣响起来一样，这些声音并不是单独的存在。声音作为一种"信号"，与其他声音相互回响，宣示着其自身并不孤独，并未被同伴所抛弃。

既然如此，我们可以说，在《庄子》之中，风的声音与幼鸟（鷇）的鸣叫是相似的，山木的沙沙作响与窍穴的呼啸之声也是相似的，《庄子》将"道"或"言"视作某种最为根本的口说（声音），并表明了其对口说的信任。为了更为形象地描述这一状态，且让我们听一下，曾专心聆听鸟的声音的现代音乐家武满彻的话：

在不同声音无限回响的世界之中，人类尝试从种种声音中辨析出各自的不同。声音，或许是在我们的身体内部微弱地振动，想要唤醒<u>某种事物</u>的信号。尚未成形的内心的声音，通过其他的声音（信号）的帮助，变成了不折不扣的自己的声音。……

地球上能听到的一切声音，均是由不同的波长叠加而成的。波长的叠加程度，或者说其强弱的程度，使得不同的声音有其独自的声响。聚集在一处的波长，相互完成了其作为物理学信号的使命，而这是个极有暗示意义的现象。作为信号的波长，转变为与其他波长完全不同的新的振动，而信号也不再是原先的波长。我不想将之仅仅视作物理上的协同效应。改变他者的同时，也改变了自己，这不就是"运动"的原则吗？

武满彻《在昏暗的河流上》，小沼纯一编《武满彻随笔选》，

第 280—281 页

在"不同声音无限回响的世界"中，因为声音与其他声音相互回响，"改变他者的同时，也改变了自己"。《庄子》所描述的口说的维度，正是这样的声音的"运动"。这绝不是孤立的事物，而是与其他事物相互联系的鸣荡。

而能听到鸣荡"运动"所产生的声音的人，《庄子》称之为圣人、真人，并将之塑造为理想的对象。虽说如此，即便是圣人、真人，想听清这种声音也绝不容易。譬如说，鸟的声音是容

易听清的吗？让我们听一下武满彻的说法：

某次，为了准备下一步的工作，我听了录有鸟叫的磁带。当着迷于如同显示在示波器上的美妙的波形的时候，我发现自己实际未能听清这些转瞬即逝的微妙的波形。我试着把磁带的速度放慢到二分之一，四分之一。如此，在比实际低了四个八度之下，我终于可以听清鸟的声音。小巧可爱的斑鸠，仿佛一个巨大的怪物在大声吹奏圆号。我把握到了那转瞬即逝的微妙的波形，尝试着自己哼唱出来。于是，我终于发现这并不是什么怪物，而是可爱的斑鸠的声音，这使我对其有了更加亲近的感觉。尽管如此，在此之后，我的工作并未有多大的进展。而我也并不想在这里谈人类与鸟在生物学上的差异。不过，鸟类丰富的歌声，我只有在放慢四分之一的速度之下，才能完全理解。那么，作为音乐家的我，如果不付出比现在多四倍的努力，显然不可能像鸟儿一样地歌唱。而且，即使是花费了四倍的努力，我又真能唱出这美妙而丰富的歌声吗？

武满彻《虫·鸟·音乐》，同前，第240页

想要真正听清鸟的声音，并像鸟一样歌唱的话，必须"付出比现在多四倍的努力"。尽管颇为艰难，《庄子》依然以这种境界为目标。为了达到口说的维度，为了闻"道"，人们必须付出巨大的努力。而正是这努力使得我们从根本上发生变化。因为通过他者，我们也必然会变化为他物。

第六章 | 闻道之法
——道在屎尿

得道后的身体

在上一章,我们回顾了毕来德提到的三名高手之中轮匠扁的故事。本章我想考察一下剩下的两位高手,即厨师(庖)丁与游泳能手的故事。之所以要作如此考察,是因为为了闻"道",身体的机制必须有所改变(毕来德将之称为由"人的机制"到"天的机制"的转变),而这些高手正是《庄子》所树立的典型。

首先,让我们来看一下庖丁的故事:

> 庖丁为文惠君解牛,手之所触,肩之所倚,足之所履,膝之所踦,砉然向然,奏刀騞然,莫不中音。合于《桑林》之舞,乃中《经首》之会。
>
> 文惠君曰:"嘻!善哉!技盖至此乎?"
>
> 庖丁释刀对曰:"臣之所好者道也,进乎技矣。始臣之解牛之时,所见无非牛者。三年之后,未尝见全牛也。方今之时,臣以神遇而不以目视,官知止而神欲行。依乎天理,批大郤,导大

窾，因其固然。技经肯綮之未尝，而况大軱乎！

"良庖岁更刀，割也；族庖月更刀，折也。今臣之刀十九年矣，所解数千牛矣，而刀刃若新发于硎。彼节者有间，而刀刃者无厚，以无厚入有间，恢恢乎其于游刃必有余地矣，是以十九年而刀刃若新发于硎。

"虽然，每至于族，吾见其难为，怵然为戒，视为止，行为迟。动刀甚微，謋然已解，如土委地。提刀而立，为之四顾，为之踌躇满志，善刀而藏之。"

文惠君曰："善哉！吾闻庖丁之言，得养生焉。"

《庄子·养生主》

《庄子》用音乐来表现庖丁的技艺："奏刀騞然，莫不中音。合于《桑林》之舞，乃中《经首》之会。"可以说庖丁的技艺已经达到了口说的维度。更准确地说，其操刀之手，已经不再是"技"（技艺）的阶段，而是能够听从精神的指挥，达到自由自在的境界。庖丁说"臣之所好者道也"，讲的正是此事。对于高手来说，"道"与"言"是无隐而现的。

庖丁高超技艺的特点，在于带来事物相互变化的"运动"之中。即庖丁领悟到牛的"天理"（自然的条理），还能全面控制包括手的身体全部，因而通过他挥刀的"运动"，从而引起了牛的身体被分解的"运动"。由于庖丁能够察知一般人难以察觉到的牛的细微部分，故其刀刃没有任何损伤，其技艺可谓细腻。

然而，为了达到这一境界，必须经过循序渐进的练习，花费数年的努力。最终,庖丁达到了能够"养生"的程度。这里说的"养生",不单是道教的长生不老的技巧,而且还是"生"的状态,转变到能够闻"道"得"道"的理想状态。

接下来让我们再来看一下游泳能手的故事:

孔子观于吕梁,县水三十仞,流沫四十里,鼋鼍鱼鳖之所不能游也。见一丈夫游之,以为有苦而欲死也,使弟子并流而拯之。数百步而出,被发行歌而游于塘下。

孔子从而问焉,曰:"吾以子为鬼,察子则人也。请问蹈水有道乎?"

曰:"亡,吾无道。吾始乎故,长乎性,成乎命。与齐俱入,与汩偕出,从水之道而不为私焉。此吾所以蹈之也。"

孔子曰:"何谓始乎故,长乎性,成乎命?"

曰:"吾生于陵而安于陵,故也;长于水而安于水,性也;不知吾所以然而然,命也。"

《庄子·达生》

游泳能手所说的道理,与庖丁相同。即一方面要掌握并顺从"水之道",如此则不论遇到怎样的激流也都能顺利前进,而另一方面,如"始乎故,长乎性,成乎命"所言,要让自己原本的状态发生变化,从而得到通于"命"的新"性"。

因而,与庖丁故事相同,此处也存在着带来事物相互变化的"运动"。游泳能手通过某种方式进行游泳这一运动,从而引起了畅游其中而不被激流吞没的运动。而此处也存在着相同的因果关系，即游泳能手能够察知一般人难以察知的水的流向，因而不会被激流冲走而溺亡。

如此，所谓的得"道"，不是取得某种技巧或秘诀，而是通过努力，让自己的身体机制发生根本的变化，从而最终达到"命"的维度。

得道之困难

尽管如此，想要得"道"仍旧是一件困难之事。《庄子》对这种困难时有言及，比如下述南伯子葵与女偊的问答即是一例：

南伯子葵问乎女偊曰："子之年长矣，而色若孺子，何也？"
曰："吾闻道矣。"
南伯子葵曰："道可得学邪？"
曰："恶！恶可！子非其人也。夫卜梁倚有圣人之才，而无圣人之道，我有圣人之道，而无圣人之才，吾欲以教之，庶几其果为圣人乎！不然，以圣人之道告圣人之才，亦易矣。
"吾犹守而告之，参日而后能外天下；已外天下矣，吾又守之，七日而后能外物；已外物矣，吾又守之，九日而后能外生；已外生矣，而后能朝彻〔像天亮一样觉悟〕；朝彻，而后能见独；见独，而后能无古今；无古今，而后能入于不死不生。

"杀生者不死,生生者不生。其为物,无不将也,无不迎也;无不毁也,无不成也。其名为撄宁〔拥抱〕。撄宁也者,撄〔相互缠绕〕而后成者也。"

《庄子·大宗师》

像南伯子葵的程度是不能学"道"的,能学"道"者只能是"圣人之才"。然而,即便是对于"圣人之才",也不能把"圣人之道"一口气全教给他,而必须让他循序渐进地学习。有趣的是,对于闻道得道的最终阶段,《庄子》用了"撄宁"这个词。这是"不老不死"的"道",与物相互缠绕的状态。换言之,这一终极的状态,是通过自由自在地支配自身运动,从而与道相纠缠,与他物相拥抱的"运动"。

道在屎尿

虽然得"道"是件困难之事,但"道"未必是圣人、真人才能触及的彼岸。反而,《庄子》中也有不少地方强调"道"就在身边。那么,《庄子》中似乎也有两种不同的"道":一个是在人难以触及的彼岸的超越之"道",一个是在人身边事物之中的内在之"道"。为了思考这两种"道"的关系,让我们先考察一下后者,即近在身边的内在之"道"。《庄子》描述内在之"道"的文章中,最引人注意的是以下一处:

东郭子问于庄子曰:"所谓道,恶乎在?"

庄子曰:"无所不在。"

东郭子曰:"期而后可。"

庄子曰:"在蝼蚁。"

曰:"何其下邪?"

曰:"在稊稗。"

曰:"何其愈下邪?"

曰:"在瓦甓。"

曰:"何其愈甚邪?"

曰:"在屎溺(尿)。"

东郭子不应。

《庄子·知北游》

"道在屎尿":遥远而难以得到的"道",竟然在最为鄙近的屎尿之中,这不得不说是一个颇有活力的颠覆。大多数人认为,《庄子》此处是在称赞道无处不在的普遍性。比如,福永光司是这样解释的:

东郭子不理解,道,亦即真实存在,并不是脱离眼前世界的,而就在于眼前世界的新条柳绿,初绽花红,路畔小石,原野榛莽之中。或者说,人生的真实,与其说是在深奥的哲学理论或难解的经典文字之中,不如说是在人类的日常茶饭、吃喝拉撒、行住坐卧的生活之中。

道并不像东郭子所想的那样，在脱离现实的九霄云外，而是在这个现实世界的各个角落——"果蓏有理"（《庄子·知北游》）。

道是万物作为物而存在的根本法则，与万物处于不同维度。在这个意义中，道是超越万物的，是具有超越性的某种事物〔etwas〕。然而道不仅仅是具有超越性的某种事物，而且与万物同在，并内在于万物之中。不，应该说万物作为物而存在就是道。道不离物，物不离道，道"无所不在"。

福永光司《庄子：古代中国的存在主义》，第136页

既然"道不离物，物不离道"，那么"道"也在包括"屎尿"的万"物"之中，万"物"均有"道"。福永认为，《庄子》此处是说"道"是"具有超越性的某种事物"，同时也"内在于万物之中"。这一表述绝不是矛盾的，因为福永是用超越论的原理来理解"道"。所谓超越论的原理，就是说对于"物"来说，"道"是决定其是否存在（甚至是"存在"自身的意义）的条件。既然"道"是超越论的原理，那么对于"物"而言，"道"是内在于万物之中，并且超越于万物的。

然而，为了证明"道"存在于"现实世界的各个角落"，似乎并不需要以"屎尿"为例。对此，福永认为这正是庄子这位"大幽默家"的本色之处：

当世的圣贤被他玩弄，古今的历史被他漫画化，宇宙的真理被屎尿化（《庄子·知北游》云"道在屎溺"——即真理在屎尿之中）。在

对圣贤、历史、真理的戏谑之中,他高声嘲笑了人生以及宇宙的一切。庄子正是一位快意诙谐的哲学家,是天生的大幽默家。

福永光司《庄子·内篇》,第5页

把"道"视作浅近之物的"屎尿化",是一种诙谐,是一种幽默。福永将《庄子》解读为一种"快乐之学",借此来引诱读者。然而,这样的解读反而使《庄子》的意思变得晦涩。让我们看一下"道在屎溺"后续的内容:

> 庄子曰:"夫子之问也,固不及质。正获之问于监市履狶也,每下愈况。汝唯莫必,无乎逃物。至道若是,大言亦然。周、遍、咸三者,异名同实,其指一也。"

《庄子·知北游》[1]

此处,庄子将市场售卖的猪的价值与"道"做对比。要了解一头猪的价值,检视猪身体的下部是最清楚不过的。与此相同,在"屎尿"这样的浅近之处,最能看清"道"。如此,与其说是幽默,不如说庄子通过"屎尿",想要说明与商品的价值相同,"道"作为超越论的原理,存在于万物之中,是物作为物的意义。也就是说,"道在屎溺"这一表达,并不是幽默,恰恰反映出庄子清楚地看到,即使在"屎尿"之中,也存在着"道"这一构成意义的机制。

---

[1] 作者原译:庄子说:你没有问到点子上。曾有这样的故事:管理市场的官员问市场的监督者,踩在哪个部位,才能清楚了解猪的肥瘦。监督者回答道,越往猪的身体下部踩,越能得到正确的结果。道也是同样的,不限定于一处。任何事物都逃不开道。(后略)

不过，回头想来，通过具有超越性的"道"，庄子原本想要思考的是，逃离这个世界意义构成机制之后的境地。庄子并不认为，意义普遍（"周""遍""咸"）相通的世界是理想的。庄子的目标，并不是通过"道"赋予"物"固有的意义，从而让这个世界得到安定，恰恰相反，他想以"道"促使"物"发生变化，从而让彼此间的关系变得不同，让这个世界面目一新。

因而，我们应该问的是，如何才能逃离作为超越论原理的"道"。然而，这绝不是容易之事。在此，让我们再次回到语言的问题。

下至屎尿亦有道——陈凯歌《孩子王》

为了找到逃离作为超越论原理的"道"的机会，让我们把目光转到现代，由中国电影的代表导演陈凯歌的第三部作品《孩子王》（1987），来思考《庄子》的问题系。特别是电影中不说话的放牛少年，最值得我们留意。

这部电影是根据阿城的原作改编，说的是"文化大革命"期间，绰号老杆的青年，被选为边疆地区的初中语文老师。由于与学生发生的纠葛，他一改常规，采取了重视学生自主性的教育方式。最终他因其教育方式被"上头"盯上，被迫离职。

在阿城的原作中，不时有关于屎尿的描述登场，比如下述之例：

场上又有猪鸡在散步，时时遗下一些污迹，又互相在不同对方的粪便里觅食。我不由暗暗庆幸自己今生是人。若是畜类，被人类这样观看，真是惭愧。

阿城《孩子王》[1]

另外，虽然陈凯歌的电影未有明言，但在阿城原作中，描写了老杆的学生王福，他的父亲王七桶因绰号"王稀屎"而被人嘲笑的场面。之所以有这样的绰号，是因为王七桶是哑巴，是"不能说话的人"。阿城描述了一个这样的结构，即不能说话的人，被边缘化为低于人类的像屎尿一样的存在。而且，王七桶是少数民族出身。正是由于这些原因，王七桶的儿子王福，过于迫切地想要代父发声，想要掌握语言。

陈凯歌通过原作没有的场面，表现了这一点。对于执着于字典，一字一字抄写字典的王福，来娣（老杆的朋友，字典的主人）问："抄好了又怎么样呢？"对此，陈凯歌是这样让王福回答的："以后还有更大的字典，我还要抄。"而在电影的最后，陈凯歌又让老杆写下了这样的留言："王福：今后什么都不要抄，字典也不要抄。"

值得思考的是，正是像屎尿一样存在的人，才会对语言有过分的欲望。为了帮王福得到字典，王七桶为儿子付出了极大的努力（学校修缮需要竹子，两人便在班级开展集体工作的前日，预先砍好了大量的竹子）。像屎尿一样存在的人，处于以文字为中心的文化的边缘，正是这样的人，才能将隐藏在文字文化背后，那令人绝望的

---

[1] 作者原用日译本『阿城　チャンピオン・他』，今据《棋王・树王・孩子王》（人民文学出版社，2013）回改为中文。

结构剔抉出来。这即是陈凯歌的视点所在。

因此,陈凯歌不得不把屎尿的位置在电影中加以颠覆。这已不仅仅是周蕾(Rey Chow)的评论所指出的,老杆解释写错在黑板上的"朱",是为了表现"文字文化是屎尿"。[1]实际上,陈凯歌已进一步达到了"屎尿也是文字文化"的层次。而这里登场的是,不见于阿城原作的,另一个"不能说话的人"——放牛少年。

少年跟王福的父亲一样,不能说话。但是,他并不像王福的父亲,过分地想要作为自己代理的儿子,融入文字文化之中。老杆问少年想不想要识字的时候,少年并没有回答,而是发出了赶牛似的尖锐声音,转身离去。

然而,既不像周蕾,也不像福永光司所代表的现代《庄子》解读所希望的那样,放牛少年并不属于作为文化外部的自然。这是因为他们所说的那种纯粹的自然,哪里都不存在。能如实说明这一点的,正是屎尿。电影中有这样一幕,放牛少年用牛粪和枯叶,在空教室的黑板上画了一个图案。如此看来,屎尿显然也属于文字文化。仿照"道在屎尿"来说,则是"下至屎尿亦有道"。文化("道",语言)渗透在所有层面之中。在语文老师老杆所代表的文字文化之外的,也只是另外一种文化而已(自不待言,放牛少年属于一个懂得养牛,懂得刀耕火种的文化)。

电影的最后一幕,放牛少年在被烧荒烤焦的树干间撒尿,而老杆紧盯着他看。少年的眼神,与看着像人或动物的烤焦的树干,让老杆感到害怕。这是因为,这一场面如实地反映了,自然也只是一种文化,并不存在通向文化外部的出口。

---

[1] 作者所用为本桥哲也等翻译的日译本,今据译出。中译本见孙绍谊译《原初的激情:视觉、性欲、民族志与中国当代电影》(远流出版社,2001),第193页。

陈凯歌的这部电影，很好地说明了"下至屎尿亦有道"的含义，即作为超越论的"道"，其对语言与意义的生产，是永无止境的，是令人绝望的。那么，我们如何才能从"下至屎尿亦有道"中逃脱出来？换言之，如果不依靠"自然"这种外部性事物，如何才能从超越论原理的"道"的意义构成机制中逃离，如何才能像高手们一样自由自在？为了解决这一问题，我们必须与《庄子》一同，在把"道"视作超越论原理的形而上学中，找出某个窍穴漏洞。

第七章 | 物化与齐同
——世界自身的变化

"道"作为物之所以为物的超越论原理,普遍存在于这个世界中,似乎并没有逃脱"道"的方法。不过,在《庄子》之中,除了物即为物的这种由事物本质来看待世界的视点之外,还有物变他物这种从生成变化[1]来看待世界的视点。所谓的此物变他物,究竟指的是什么?如果"屎尿"不再是"屎尿"而能变为他物的话,那么作为超越论原理的"道",其意义构成机制也会因此而动摇。

某物生成变化为他物的变化,《庄子》称之为"物化"。而"物化"之中最为人所知的例子,当属庄周梦蝶的故事。第一部分第二章谈六朝时期神灭不灭论争时,曾提到当时的人将梦蝶之事视作梦的典型。此章的重点则不在于梦,而在于对"物化"的解读:

> 昔者庄周梦为胡蝶,栩栩然胡蝶也,自喻适志与!不知周也。俄然觉,则蘧蘧然周也。不知周之梦为胡蝶与,胡蝶之梦为周与?周与胡蝶,则必有分矣。此之谓物化。
>
> 《庄子·齐物论》

---

[1] 本书的"生成变化"一词,与德勒兹所说的"devenir"(铖、流变)内涵一致。

庄周为蝶，蝶为庄周的这种变化，并不能将其还原为儒家的"教化"。这是因为"教化"，是小人成为君子、圣人的启蒙的程序，仅仅是一个被赋予了方向性的变化。而"物化"，则不是那种面向政治、伦理、经济的体制与利益，有秩序的变化。

"周与胡蝶，则必有分"

不过，在此必须强调的是，"物化"并不是无视自他两者的差别。如果庄子是想通过"物化"，从而达到一个自他融合、万物一体的世界的话，那么"物化"这一变化是没必要的，而庄子也不需要在梦蝶故事中说"周与胡蝶，则必有分矣"。然而，通过将一切的差异、差别相对化，从而超越差异，以这种超越式的角度来解读"物化"的人，至今未绝。这是因为，他们认为《庄子》的核心思想是"齐同"，并且从超越式的角度看"齐同"的话，那么自然会得出一切的差异、差别均是相对的，万物是同一的这种结论。

譬如，对于"周与胡蝶，则必有分矣"一句，森三树三郎将其译为："不过，庄周与蝴蝶，确实理应有别。尽管如此，却无法看出两者的差异，这是为什么呢？"（森三树三郎《庄子》，小川环树编《老子　庄子》，第202页）加着重号部分是森氏在翻译时有意补充的部分，在此之上，他这样解释道：

所谓"物的变化",是指某一物转为他物的变化,其中存在着一与他的差异。然而,这是由一般常识的角度所得出的结论。如果从万事万物相同的角度来看,自我与他者并无差异,因而蝴蝶也就是庄周。因此,无论事物发生了怎样的变化,都不可能失去自我。与活着的自我一同存在的,是死去的自我。认为只有人生才是现实的,是有差别的角度;认为人生是梦的,则是无差别的角度。之所以这么说,是因为在万物齐同的道理下,梦与现实并没有差异。

森三树三郎《庄子》

如森氏所言,"如果从万事万物相同的角度来看,自我与他者并无差异",他以"万物齐同的道理"来解释"物化",强调庄周与蝴蝶并无差异。

再让我们看一下福永光司的解释:

一切存在突破了常识性的差异这一<u>藩篱</u>,能够自由自在地相互变化的世界,即所谓的物化的世界,才是实在的原貌。人类在"物化"——万物无穷无尽的流变——中,且将被赋予的当下视作被赋予的当下,快乐逍遥即可。醒时像庄周一样生活,梦中像蝴蝶一样飞舞。变为马则如马一般高嘶,变为鱼则如鱼一般深潜。变为死者,那就像死者一般躺在墓地里好了。当我们勇敢肯定一切处境都是自己被赋予的处境之时,才真正拥有了自由的人类生活。所谓的绝对者,说的就是在自己生活中能够肯定一切处境的人。

这里值得我们注意的是,庄子混淆了梦与现实,浑沌化了现实的梦。

对庄子而言,梦与现实的"有分",是人类对其的区分,而在实在世界之中,所谓的梦,所谓的现实,不过是道——真正实在——的一种连续。自我与蝴蝶的确不是相同的事物,虽然如此,也没有区分何者为梦、何者为现实的必要。变为蝴蝶,自己就像蝴蝶一样快乐;变为庄周,自己就像庄周一样快乐。至于是蝴蝶变成了庄周,还是庄周变成了蝴蝶,则是无关紧要的问题。然而,世俗之人把梦与现实、人与蝴蝶区别开来。如蝴蝶般自由飞舞,此时此刻庄子的"生"的喜乐,他们对此并不感兴趣,却纷纷一本正经地去调查考证:他当时究竟是蝴蝶还是庄周,是梦还是现实。在一本正经的调查考证之中,他们却全然没有意识到,人生的真实就像漏出指间的水一样。

福永光司《庄子·内篇》,第136—137页

果然,福永同样把原文的"有分"解释为"人类对其的区分",并视其为"无关紧要的问题"而未做深究。"物化"是"一切存在突破了常识性的差别这一藩篱,能够自由自在地相互变化的世界",是"万物无穷无尽的流变",因而对于种种不同的处境,"勇敢肯定"即是。此处也颇能体现出福永认为"万物齐同"是《庄子》的核心思想。福永说:"只要是研究庄子<u>哲学</u>,必然

会将万物齐同的思想,作为判断《庄子》书中叙述的本质性或非本质性的最重要的尺度。"(福永光司《庄子:古代中国的存在主义》,第201页)

作为世界自身变化的"物化"

然而,即使承认万物齐同是庄子的强有力的思想主张,不,更准确地说,正因为承认万物齐同是庄子的强有力的思想主张,所以无视"物化"中蝴蝶与庄周的差异的解读是难以成立的。在此,且让我们参照一下古注。郭象如此说道:

夫觉梦之分,无异于死生之辩也。今所以自喻适志,由其分定,非由无分也。夫时不暂停,而今不遂存,故昨日之梦,于今化矣。死生之变,岂异于此,而劳心于其间哉!方为此则不知彼,梦为胡蝶〔而醒来时则不知〕是也。取之于人,则一生之中,今不知后,丽姬是也〔艾国的丽姬,被晋献公掳走,一开始还不断哭泣,但后来到了王宫,与王同衾,吃到鲜美的肉食,又后悔自己当初哭泣〕。而愚者窃窃然自以为知生之可乐,死之可苦,未闻物化之谓也。

郭象《庄子·齐物论》注

蝴蝶与庄周之间"非由无分"。恰恰相反,"由其分定",在区分有别的世界之中，他才能像蝴蝶或庄周一样，"自喻""适志"。郭象的解读，与前述无视区分的解读可以说是大相径庭。

郭象认为，在一个区分有别的世界之中，想要理解他者的世界是不可能的。这是因为"为此则不知彼"。这一原则，同样也贯穿于庄周与蝴蝶、梦与醒，以及死与生的关系之中。这一主张，并不是说一个世界之中存在着两种（或两种以上）境地，各种境地相互交换的样子，从高处看来是并无差别的。其所构想的是：一方面，庄周作为庄周，蝴蝶作为蝴蝶，各自处在区分有别的世界之中，处在当下，是绝对且又自我充足的存在，对他者的境地并无关心；但在另一方面，事物之性有所变化，变为他物，而其所处的世界自身亦有所变化。这里的"物化"，不仅是某一世界中的事物的变化，还是这个世界自身的变化。

由此类推，蝴蝶之梦，既然说庄周变化为他物的蝴蝶，也就意味着出现了一个从未预想到的我作为蝴蝶而存在的世界，而我享受着这一个新世界的一切。而庄子这里所享受的，显然不是站在"真正实在"的"道"的高处，无视万物差异的"物化"所带来的乐趣。

因此，"当我们勇敢肯定一切处境都是自己被赋予的处境之时，才真正拥有了自由的人类生活。所谓的绝对者，说的就是在自己生活中能够肯定一切处境的人"，对于福永的这一结论，不得不稍作修正。想要得到作为人的自由，与其说一味地去"勇敢肯定"被赋予的处境，不如说通过对当下存在状态（某种被区分界定后的存在状态）的绝对肯定，从这种存在状态中得到自由，与新的存在方式（依然只是被区分界定后的某种存在状态）及新世界的存在状态相遇。

如果我对"物化"解释的这一修正能够成立的话，那么对于万物齐同又应如何解释呢？下面我们将讨论这一问题。

庄子的"齐同"

郭象在《庄子·至乐》的注释中如此说道：

> 旧说云庄子乐死恶生，斯说谬矣！若然，何谓齐〔万物〕乎？所谓齐者，生时安生，死时安死，生死之情既齐，则无为当生而忧死耳。此庄子之旨也。
>
> 郭象《庄子·至乐》注

这段注释所对应的《庄子》原文，即在讨论鲁迅时所提到的髑髅问答。庄子行至楚国，枕髑髅而眠：

> 夜半，髑髅见梦曰："子之谈者似辩士。视子所言，皆生人之累也，死则无此矣。子欲闻死之说乎？"
> 庄子曰："然。"
> 髑髅曰："死，无君于上，无臣于下；亦无四时之事，从然以天地为春秋，虽南面王乐，不能过也。"

> 庄子不信，曰："吾使司命复生子形，为子骨肉肌肤，反子父母妻子闾里知识，子欲之乎？"
>
> 髑髅深矉蹙頞曰："吾安能弃南面王乐而复为人间之劳乎！"

《庄子·至乐》

髑髅问答，古来认为其是赞美死而非赞美生。而郭象则认为"旧说云庄子乐死恶生，斯说谬矣"。

之所以这么说，郭象所举出的理由正是"齐同"。但是，"齐同"并不是简单地"齐"生死。如郭象所言，"所谓齐者，生时安生，死时安死"，他所说的是对生、死各自的存在状态（"情"）的"齐"同。也就是说，生与死虽然是由两种完全不同的形式组成的，但从生、死各自构成一个世界的角度看，则两者是相同的。因此郭象说生时一心一意关注生，死时一心一意关注死即可。而在一心一意关注生的过程中，"物化"由此产生，最终让我们通向其他的世界。

与惠子"齐同"论的不同之处

在上述问题的基础之上，让我们重读一下以讨论"齐同"为中心的《齐物论》。需要注意的是，庄子所说的"齐同"与惠子的"齐同"论并不相同。惠子是庄子的论敌，是被归类于重视逻辑思辨的名家的思想家：

未成乎心而有是非，是〔惠子所主张的〕"今日适越而昔至"也。是以无有为有。无有为有，虽有神禹，且不能知，吾独且奈何哉！

《庄子·齐物论》

惠子的"齐同"论，讨论的是什么呢？正如此处所引"今日适越而昔至"，即关于无视时间差异的命题。

惠子的"齐同"论被安排在《庄子》一书的末尾。其"齐同"论在《庄子》的最后一篇——《天下》中大放异彩，以至于有的学者认为，这一部分或许原为独立的"惠子篇"，后来被附加在《天下》之中。从庄子与惠子的关系来看，惠子思想对庄子有着很大影响，自不待言，特别是对庄子"齐同"思想的形成，有着决定性的作用。

惠子的议论如下：

惠施多方，其书五车，其道舛驳，其言也不中。历物之意，曰："至大无外，谓之大一；至小无内，谓之小一。无厚，不可积也，其大千里。天与地卑，山与泽平。日方中方睨，物方生方死。大同而与小同异，此之谓小同异；万物毕同毕异，此之谓大同异。南方无穷而有穷，今日适越而昔来。连环可解也。我知天下之中央，燕之北，越之南是也。泛爱万物，天地一体也。"惠施以此为大，观于天下而晓辩者，天下之辩者相与乐之。

《庄子·天下》

此处议论的逻辑,通过改变视点,可以泯除时间乃至空间上的差异。然而,对于惠子的"齐同",庄子批评其"以无有为有",认为其"不能知"。既然如此,庄子的"齐同"论的重点,并不在于泯除时间或空间上的差异。那么,庄子的"齐同"说的是什么呢?且看作为《齐物论》核心的下述引文:

物无非彼,物无非是。自彼则不见,自知则知之。故曰:"彼出于是,是亦因彼。"彼是方生之说也。

虽然,方生方死,方死方生;方可方不可,方不可方可;因是因非,因非因是。是以圣人不由,而照之于天,亦因是也。

是亦彼也,彼亦是也。彼亦一是非,此亦一是非。果且有彼是乎哉?果且无彼是乎哉?

彼是莫得其偶,谓之道枢。枢始得其环中,以应无穷。是亦一无穷,非亦一无穷也。故曰:"莫若以明。"

《庄子·齐物论》[1]

尽管这篇文章颇为费解,但不难看出庄子并不想泯除彼此、是非,或是生死、可不可等成对的概念的差异。否则,则会陷入

---

[1] 作者原译:物不是"彼",也不是"是"〔此〕。由"彼"而观,则不见"是",由"是"而知,则能知。因而可以说,"彼出于是,是亦因彼",即"彼"与"是"〔此〕均是同时〔"方"〕产生的概念。虽说如此,然而这样一来〔就会变成惠子所说的那样〕:方生方死〔生的同时也在死亡〕,方死方生;方可方不可〔认为可以的同时,又认为不可以〕,方不可方可;因是因非,因非因是。因此,圣人不由此途,而是依照于天,并本之于是〔是非之"是"〕。"是"〔此〕既是"彼","彼"亦是"是"。彼既是一是非,此亦是一是非。那么,"彼"与〔此〕,究竟是相同的,还是不同的?当"彼"与"是",不再是成对的概念的时候,则可称之为"道枢"。而"枢"〔旋转轴〕若处于圆环的中心,则能够应对无穷。是既是一无穷,非亦是一无穷。因而说"莫若以明"。

与惠子相同的"齐同"论中。从其"自彼则不见,自知则知之"（这恰好与郭象"为此则不知彼"的解释相合）这一定义来看,庄子首先重视的是,"此"这一旁近的或者说扎根于这个世界的事情。在此之上,庄子想要观察的是,"此"变化为"彼","彼"作为又一个"此"显现于前的状态。

若将旋转轴"枢"置于圆的中心,则"此"（这个世界）将成为无限。此时,"彼"与"此"不再是成对的概念。因为"齐同",所以非"此"之"彼",也将作为又一个"此"（此一世界）,成为无限。

总而言之,庄子所说的"齐同",是在将"彼""此"的差异视为绝对的基础上,为了记述"此"变化为"彼"这一状态（"物化"）的概念。如果说惠子的"齐同",是从超越"彼""此"的视点,试图泯除空间、时间的差异的话,那么庄子的"齐同",则是在"此"之中,让"此"变化为"彼"的"物化"论的延伸。

换言之,以往的解释,试图用"齐同"来理解"物化",而与之相对,本书的解释,则想把"齐同"拉回到"物化",认为"物化"与"齐同",只是从不同的角度来讨论同一状态而已。

第八章 | 《庄子》与他者论
——鱼之乐的结构

然而,在"物化"之中,首先事物应当绝对满足于各自的处境("此"),当我们说到这里的时候,乍看起来,这似乎形成了一个自同者(与自我同一的相同事物)的闭环,又如何能够变为他物,构成不同的世界("彼")呢?我想在回顾前述讨论的同时,对其加以说明。

对于以"道"——超越论的原理——作为根据的宇宙,"物化"这种变化在其上凿出了窍穴。因为"这个我"在作为"这个我"而存在,与此同时,也能变成完全不同的其他事物。如此,本质的同一性则被瓦解。而且,从超越论的视点来看待万物流变——这一以往的"齐同"观中,"物化"不过是"这个世界"中的种种化身(avatar),但如果能看到在"物化"之中,不仅是"这个我",连"这个世界"也能变化——这一根本的可能性的话,那么作为超越论原理的"道",其自身也是能够变化的。

但是,话虽如此,既然在变化后的他物之中,"这个我"与"这个世界"被重新组成,那么最终他者及他世界会不会并未打开,而不过是改换了内容的自同者闭环呢?

为了思考这一问题,我想在本章讨论《庄子》中的他者问题,这也能帮助我们更深入地理解"物化"的思想。作为解决这一问题的线索,这里要谈的是《庄子·秋水》篇末,惠子与庄子围绕"鱼之乐"的论辩。虽然仅为一百余字的片段,却像本书开头所言,连汤川秀树也对此问题有所关心。可以说这一古老论争回响,一直延续到了现代知识界的最前沿。

同一自我逻辑(Tautology)与自身经验的固有性——惠子与庄子的论辩

首先,让我们读一下"鱼之乐"的相关文字:

庄子与惠子游于濠梁之上。

庄子曰:"鯈鱼出游从容,是鱼乐也。"

惠子曰:"子非鱼,安知鱼之乐?"

庄子曰:"子非我,安知我不知鱼之乐?"

惠子曰:"我非子,固不知子矣;子固非鱼也,子之不知鱼之乐,全矣。"

庄子曰:"请循其本。子曰'女安知鱼乐'云者,既已知吾知之而问我,我知之濠上也。"

《庄子·秋水》

这一论辩由两种逻辑所构成。其一，是惠子所主张的逻辑，可以将之概括为"他者经验不可知"。可知的只能是自我的经验。自我的经验具有隔绝于他者的固有性，他者不可窥知。在此，我想将其称为"tautology"（ταυτός +λόγος =同一自我的逻辑）。

然而，想将这一逻辑贯彻到底，原本就不容易。因为既然是逻各斯，那么必然一直会对他者开放交流的大门，其逻辑本身应该能被他者所知晓。同时，作为前提的虽说是"同一自我"，但其身份却是不稳定的。这指的究竟是这个世界中为数众多的"自我"中的一人，还是构成这个世界，不可替代的作为中心的自我？而且，这里所说的自我经验的固有性，究竟是指怎样的固有性，也值得讨论。这是指，自我所认知的"天空之蓝"与他人所认知的内容有绝对的差异——这一意义上的内容的特殊性吗？还是说，"蓝"这一概念既然可以普遍化，则可以与他者的经验相交流——这一意义上的固有性吗？不禁涌现出种种疑问。

那么，庄子是在何处，以怎样的方式，反驳了惠子的呢？有趣的是，庄子首先通过重复惠子的同一自我逻辑，来对之进行反驳，即"子非我，安知我不知鱼之乐"一处。"他者经验不可知"的这一命题，既然作为他者的庄子能够将之重复，那么惠子的同一自我逻辑，显然在逻辑上想要躲在自我之中是不可能的。庄子想通过重复同一自我逻辑，让其露出破绽。

不过，讽刺的是，正因如此，庄子反而延长了惠子同一自我逻辑的生命。即证明了惠子的逻辑，是能被他者所维持、所延续的强有力的逻辑。因而惠子说，"我非子，固不知子矣；子固非鱼也，子之不知鱼之乐，全矣"，通过再次重复来回答庄子。这显示出惠子的同一自我逻辑并非仅属于自我，而且也能被他者所承认。如此，同一自我逻辑超越了自我而得到了扩张。

尽管如此，此处支撑着扩张后的同一自我逻辑的他者，并非作为他者的他者，不过是又一个自我而已。庄子想让自己作为"他者经验不可知"所排除掉的他者来登场，而惠子则将这样的庄子打扮成承认"他者经验不可知"的又一个自我。总而言之，在庄子与惠子的对话中，看起来他者似乎得以成立，但实际上却被再次抹消了。

而此时，被抹消掉的不仅是他者。由于作为"同一自我"的自我扩张，作为特异性的自我（姑且称作"我"）也被抹消。在此必须思考的是，自我经验的固有性。惠子所设想的经验的固有性，并非只是鱼与人类这种不同物种间，由于经验结构整体差异而产生的固有性。而像庄子与惠子，这种被认为在某种程度上有着相同经验结构的人类，其个体之间也同样存在着由于经验内容差异而产生的私密性的固有性。也就是说，所谓"他者经验不可知"，不仅是人类不能通过经验结构的整体差异来知晓人类之外的存在者的经验，而且也不能在内容上获知作为个体的他人的经验。

正因如此，惠子的论说实际上是强而有力的。并且，之所以这样说，也是因为惠子把经验固有性的议论，与经验的结构整体差异、经验的内容差异，同时放置在了问题的层面，从而使特殊与普遍得以联系。一方面，自我经验不能被他人所窥知，是私密性;另一方面,自我经验的私密的固有性的结构,又被人类及万物所普遍共有。

然而,自我经验的私密的固有性,并不能尽数涵盖"我"的经验。庄子在最后的反驳,正是试图从具有自我经验固有性的同一自我逻辑陷阱中逃脱出来。

亲近关系的逻辑与知觉的明证性——庄子的逻辑

让我们再回顾一下庄子与惠子问答的最后一部分:

> 庄子曰:"请循其本。子曰'女安知鱼乐'云者,既已知吾知之而问我,我知之濠上也。"

在此,庄子转了一个大弯,即自我经验的固有性,并不在于他人无法窥知的私密性中,而是产生于与他者的亲近关系中。说得重一点的话,如果没有"我"与他者的亲近关系,那么连私密性也无法成立。

首先,庄子把自我经验结构本身作为问题的对象。经验之所以作为经验而成立,是因为其必然向自我之外的事物开放。无论自我经验的建构之处,在多大程度上隔绝于他者,但只要是经验,则在理论上必然暴露在他者之前。而且,在这一场景中,庄子与惠子间达成了某种对话,在形式上,惠子及庄子均应了解其经验是向他者开放的，尽管惠子并不能理解庄子的他者经验的内容。

在此之上，关于他者经验的内容，庄子补充道："我知之濠上。"也就是说，"我"在濠上这一具体的地方，进入到与鱼的某种亲近关系中，从而知觉到了"鱼之乐"。对"我"来说，"鱼之乐"是十分具体且又直接的，毫无怀疑的余地。

不过，这并不像解释者所说的那样，是"以朴素感性而知"（池田知久《庄子》下，第486页）。这种知觉并非"朴素""自然""自明"的。

眼下此时此处的自我，知觉到某种事物的瞬间，知觉的明证性被知觉的同时性所保证，这几乎没有任何质疑的余地。甚至可以说，即使知觉发生了错误，错误的知觉本身，即是明证的，而为了判断错误，亦不得不借助别的知觉。那么，"鱼之乐"可以用这种知觉明证性的机制——将知觉的现在性加以特权化的机制——来说明吗？

不，这并不可行。假如"鱼之乐"，是作为"此时、此处"的变化——"彼时、彼处"在"濠上"的知觉，以及其明证性的话，那么"鱼之乐"，不过是借由贯穿时间的同一自我，所保证的经验。庄子的反驳，反而变成了对同一自我逻辑的补充。庄子之意显然并非如此，因为"鱼之乐"想要告诉我们的是知觉明证性被动摇的状态。

具有身体位置的体验——桑子敏雄

关于这一问题,桑子敏雄(1951—)的论说颇有启发。桑子氏首先召唤了作为现代惠子的托马斯·内格尔(Thomas Nagel, 1937—):

> 那么,如果是内格尔的话,对庄子将会有以下反驳。即我们的体验是由与鱼的感觉器官完全不同的器官所产生的,因而除了通过自身的体验来想象之外,我们是无法知鱼乐的。也就是说,对于鱼来说,其无法知道作为"鱼"是怎样的,"鱼"之乐是怎样的。即使认为庄周真能知鱼乐,那也不过是说庄周能够想象变成鱼后,有怎样的快乐而已。
>
> 桑子敏雄《知鱼乐——庄子对分析哲学》,
> 《比较思想研究》第 22 号,第 22 页

对此,作为现代庄子的桑子敏雄,有以下的反驳。虽然篇幅较长,但因其颇为重要,故引用时不作省略:

> 那么,庄周将如何回答内格尔的反驳?庄周所说的知鱼乐,其本意又在何处?重要之处在于,庄周是在濠水的岸边知道了畅游其中的鱼的快乐,这并不是说庄周得到了关于鱼的心理的普遍性知识。庄周最后的回答,其重要性正在于此。庄子的认识,体现出被置于特定时空中的身体,及与其有一定关系的鱼

之间的位置关系。这一位置关系，必须在濠水岸边方能成立。惠施从"在所有人类与所有鱼之间，能够知道对方的情感的这种关系，不能成立"这一普遍性命题，推导出"庄周不能知道鱼的情感"。对此，庄周认为，不能用这样的普遍性命题来推导自己是否知道鱼的情感的。"知之濠上"的重要性在于，对于鱼的快乐的认知，是发生在具有身体位置的体验之中的。庄周的反驳，并非将具体事例作为普遍命题的反例，而是在批判这种在普遍性的"知"的框架之中，思考"知"的思维本身。

庄周与鱼共享着同一环境。庄周的身体，在环境中有其自身的位置。庄周在濠水岸边，眺望江川，观赏游鱼。在这一庄周的环境中，鱼在畅游。畅游的快乐，绝不是仅仅产生于内心的体验。这种体验产生于环境之中。畅游的快乐，发生于畅游者的身体、围绕畅游者的环境（濠水）、庄周身体之中，也发生于三者之间所产生的心理状态的整体性之中。近代性的客观主义，一直将"快乐"这种情感视作内在的、主观的体验。然而，庄周所说的畅游的快乐，是借由感知快乐的主体与引起快乐的外部之间的关系，方得以发生的事情。并不能将这种快乐，简单还原为内心的体验。

而且更为重要的是，"畅游的快乐"，仅在畅游的主体及其所处环境之间，这种关系并不成立。庄周亲临的环境中，有他者畅游，当这一条件成立时，"快乐"——作为在庄周的身体位置中，在他者的身体、环境及自身身体中，产生的整体性——方始成立。"畅游的快乐"，是在亲临他者及其环境的庄周的身体位置中，所产生的他者的快乐。亲临其境，即具有身体位置。

同前，第22—23页

"畅游的快乐"，是在"具有身体位置的体验"中产生的，并非孤立的心理现象。同时，不能像内格尔那样，把对"鱼之乐"的理解，停留在人或自我，将其"主观的"快乐加以变化的事物。桑子想把"鱼之乐"理解为"作为在庄周的身体位置中，在他者的身体、环境及自身身体中，所产生的整体性"。而这正是通过"具有身体位置的体验"所得到的"他者的快乐"。

如此，则"鱼之乐"想要告诉我们的，并非知觉的明证性。知觉的明证性，不过是"主观的"明证性，在特定时空中庄周鲜明地知觉到"鱼之乐"，通过此事，庄周证明了其经验的真切。然而，这里要问的是，庄子这一"主观"或"自我"，在成为前提之前的情况。这并不是说，"自我"事先存在，并与鱼构成特定的身体位置，在此之上，明证地知觉到"鱼之乐"。而是"鱼之乐"这一全然不同的经验，因为"我"与鱼在濠水的相遇而得以成立。这一经验，既是"我"的经验（而且是深深扎根于身体的经验），同时也是超出"我"的经验（因为对于"我"来说，这完全是被动的经验）。

这样的经验能否生之于"我"，无人知晓。桑子这样说道：

我所说的建立在身体位置之上的认识，自不用说，并不具有普遍性。即便立于濠水之上，不能知鱼乐者，不知凡几。而较之于知鱼乐者，更多人不知被钓之鱼的苦辛，而耽于垂钓之乐。尽管如此，"知鱼乐"这种认识，并不是作为人类难以认识鱼的情感的个别反证，与普遍相对立。

同前，第22—23页

尽管在濠水看到了鱼，但大多数情况下人们不会触发任何思考，便已看过。又或是把鱼视作垂钓的客体，不会去畅想"鱼之乐"。因此，体验"知鱼乐"是一个特殊的情况。这并不是在证明"自我"经验的固有性，而是说，在某种特定的情况下，我们与作为"他者的快乐"的"鱼之乐"相遇，并在相遇中，"我"作为特殊的"我"而成立。存在于这里的，是一种根本的被动性的经验。"我"自身，因为被"他者的快乐"所触发，从而得以成立。

换言之，"鱼之乐"的经验，说的是"我"与鱼在濠水进入到了某种亲近的关系之中。这并不是眼下"此时、此处"的知觉能动的明证性，而是产生于自己跟前的一种"秘密"。这是让"我"与鱼一同感觉到"鱼之乐"，让"我"与鱼同属于同一个这个世界的"秘密"。知觉的明证性，只有在被动性所部分揭露出的这个世界成立之后，方为可能。

死之乐

让我们再玩味一下桑子所说"亲临其境即具有身体位置"这

一命题。在濠水见到游鱼，并不是所有人都能进入到"鱼之乐"的经验之中。所谓的"亲临其境"，并不是在其"境"即可，而是当自己被置于某一特定时空之时，要将其作为"境"（当下的处境）来接受。如果没有被动性的接受，那么"亲临其境"是不可能的。

为了加深理解，让我们看看"鱼之乐"之外的例子。这是一种可以说是"死之乐"的情况：

庄子妻死，惠子吊之，庄子则方箕踞鼓盆而歌。

惠子曰："与人居，长子老身，死不哭亦足矣，又鼓盆而歌，不亦甚乎？"

庄子曰："不然。是其始死也，我独何能无概然！察其始而本无生，非徒无生也而本无形，非徒无形也而本无气。杂乎芒芴之间，变而有气，气变而有形，形变而有生，今又变而之死，是相与为春秋冬夏四时行也。人且偃然寝于巨室，而我嗷嗷然随而哭之，自以为不通乎命，故止也。"

《庄子·至乐》

这则记述，收于紧接在"鱼之乐"《秋水》之后的《至乐》篇中。如《至乐》的篇名所示，该篇讨论的是快乐的极致。

这则记述同样是庄子与惠子的问答。此处，惠子认为庄子在妻子身故之后，应该哭泣。而庄子在妻子的棺材旁边，非但没哭，还敲起了盆子，放声高歌，显得十分快乐。对庄子来说，这是对妻子的一种供养。也就是说,对于庄子而言,所谓"亲临其境",不是照例地痛哭流涕,而是与亡妻一同享受"死之乐"。

在"鱼之乐"的讨论中,大多数人提出的问题是,人类与作为动物的鱼之间,能否共享"快乐"。如果仿照其说,那么我们在此应该提出这样的问题,即生者与冰冷无情的死者之间,能否共享"快乐"。然而,这样的提问,并不契合"死之乐"这种情况。这是因为无论是"鱼之乐"还是"死之乐",均不是主体与主体之间的"他我认识的问题"(桑子敏雄)。庄子记述的,是"鱼之乐"与"死之乐"所凸显出的"亲近"的经验。并不是身故的妻子作为主体知觉到了"死之乐",而是在庄子与妻子的"亲近"关系中,"死之乐"得到了成立。我们应当思考的是这样的情况。

这里需要注意的是,为了"亲临其境",必须被动地去接受。但仅凭自然、朴素的态度,是难以将"境"(当下的处境)作为"亲近"关系而接受的。那么,为了接受当下的处境,需要有怎样的条件呢?这就是"通乎命"的智慧。

最初,庄子像惠子所期待的那样,为妻子之死痛哭流涕,感到悲伤。然而,当庄子发现这是"不通乎命"时,他停止了哭泣,沉浸到"死之乐"中。也就是说,为了知道"死之乐",必须有"通乎命"的智慧。关于"通乎命"的内容,庄子是这样说明的:"察其始而本无生,非徒无生也而本无形,非徒无形也而本无气。杂乎芒芴之间,变而有气,气变而有形,形变而有生,今又变而之死,是相与为春秋冬夏四时行也。"

如果没有"通乎命"的智慧，则很难知晓"死之乐"。痛哭流涕的庄子，由于"亲临"妻子的棺椁之旁，从而发动智慧，得以共享"死之乐"。不过，所谓"亲临其境"，究竟是什么意思呢？这里我想通过"供养"一词，来进行更深入的思考。

供养之法

"供养"是大家所熟知的佛教用语，在此我想通过阐明其语源上的意义，从而让我们得到理解的"共鸣"。"供养"一词，在梵文中，有pūjā"供奉，尊重，崇拜"，或是upa-$\sqrt{}$sthā[1]"向……；在……的附近；在……下面""站立；持续存在；依存"等古老的含义。两词均让人联想到面向他者时无可避免的身体上的位置，特别是upa-$\sqrt{}$sthā如其字面所示，有置身于他者之旁，为侍奉他者而存在的意义。upa-$\sqrt{}$sthā在佛经汉译中，除"供养"以外，还被分别译为"住、安住，处，亲近，起、发起，奉行"。这些词均体现了由于我与他者"亲临其境"，从而使亲近关系得以成立，产生特殊经验的这一情况。

不过，upa-$\sqrt{}$sthā中也同时潜伏着同一自我逻辑（tautology）。即存在着"我"变为"自我"，并把他者同化为又一自我的危险。作为"安住"的upa-$\sqrt{}$sthā，似乎有着与"供养"相反的方向。upa（在……附近）脱落后的sthāna一词，更能如实地反映这一点。sthāna有"（财物的）贮藏，完全的寂静，地位，身份，阶级"的

---

[1] $\sqrt{}$表示梵文词根。

意思，佛经汉译中有时会翻译为"法""义"。

为了议论的进一步展开，这里让我们看一下与 upa-$\sqrt{}$ sthā 相关联的 upa-$\sqrt{}$ ās。这是由 upa 与 ās（坐，滞留，居住，佛经汉译为"在，住"）所构成的复合词，有"坐在……附近，向……表示尊敬、祝福"的含义。而与 upa-$\sqrt{}$ sthā 相同，upa-$\sqrt{}$ ās 一般被理解为"坐在……附近"。这里之所以举出 upa-$\sqrt{}$ ās 一词，不仅是因为其与 upa-$\sqrt{}$ sthā 有着相似的意义及结构，而且对于思考 upa-$\sqrt{}$ sthā 作为"社会性的"存在状态，也十分重要。其名词形式的 upāsaka（优婆塞）、upāsikā（优婆夷）[1]为我们所熟知。优婆塞、优婆夷是做布施，行供养的在家信徒，区别且脱离于作为教团成员的 bhikṣu（比丘），是位于周边的暧昧的存在＝边缘的存在。他们"遵守戒律，并为教团提供经济上的支持"（中村元、福永光司、田村芳朗、今野达、末木文美士编《佛教辞典》第二版，第74页）。具体而言，信徒们照顾出家人的衣、食、住，这正是为了他者，代替他者去准备饭食、衣物与住处。而为了这个目的，他们也必须是能够享受食物，衣着保暖，居有其所的人。他们（有时被称为"善男信女"）首先必须是能够自足的，能够享受的存在者，如此才能把将要送进口中的饭食施与别人。如此"善良"的存在状态，我们不能以落后于时代的名义，便弃之不顾。

让我们回到庄子。以佛教式的话语来说，庄子通过置身于妻子之旁，鼓盆而歌的方式，来供养妻子，来享受"死之乐"。这有异于因死而悲伤流泪，举行丧礼的社会观念。后者所打开的世界，从庄子与身故妻子间的关系来看，是遥远的世界。此时，妻

---

[1] "优婆塞"即在家奉佛的男士，"优婆夷"即在家奉佛的女士。

子对于庄子而言，不过是为其举行丧礼的死者而已。妻子的死，与其他的死一样，应当是在社会中有适当位置的，能够跨越的死。然而，"亲临其境"这一"供养"关系，则打开了一个与社会性观念完全不同的亲近的世界。妻子的死，在其与庄子的身体上的位置关系中，是作为"死之乐"而被享受的，是作为有价值的事物而登场的。死不再是孤立的现象，而是作为庄子与妻子的亲近关系中被共享的价值而登场。

这就是庄子告诉我们的"秘密"。也就是说，"鱼之乐"也好，"死之乐"也好，都是当"我"与他者建立深入的关系，沉浸并享受着同一个这个世界的时候，所窥见的经验。这就是作为一切社会性一侧的原—社会性的同时，又有着能够改变一切社会性的可能性的条件。这不是主体通过知觉，能动地获得的体验。走在前面的是他者，但他者在影子之中。我们能否察觉到影子之中的他者，事先是不能决定的。但是，一旦有所察觉，则亲近关系启动，"我"被析出，作为被动性经验的"鱼之乐""死之乐"即显现出来。

此时，"我"与他者之间发生了什么？享受"鱼之乐""死之乐"的时候，"我"活在一个与以往完全不同的世界。"我"活在一个鱼儿欢快畅游的世界，活在一个妻子死后的世界。

在本章的开头，我提出了这样一个疑问：即使"这个我"与"这个世界"被重新组成，他者及其他世界会不会最终并未打开，我们仍然处在只是改变了内容的自同者（与自我同一的相同事物）闭环之中？然而，正如之后的论述所示，"这个我"与"这个世界"正是在与他者的亲近关系中而得以成立。既然如此,这就不可能是自同者的闭环,而是向他者敞开大门的同时,将"我"从自同性中解放出来的事物。

最后一章,我想对这种解放加以思考。

第九章 | 化鸡告时
——从束缚中得到解放

正如前述所言,在"物化"中,在"这个我"变化的同时,"这个世界"也得到了变化。那么,在"物化"的终极,"这个我"与"这个世界"会变成什么样呢?我想,《庄子》对这一问题有着根本上的考量。即变化后的"这个世界",成为一种解放的空间,而"我"也从自同性等种种的束缚中得到自由。

化 鸡

作为窥知"物化"终极状态的线索,且让我们读一下以下引文。在第一部分讨论胡适与冯友兰的《庄子》解释时,已提及此处:

> 俄而子舆有病,子祀往问之。曰:"伟哉夫造物者,将以予为此拘拘也!曲偻发背,上有五管,颐隐于齐,肩高于顶,句赘指天。阴阳之气有沴。"

其心闲而无事,跰𨇤而鉴于井,曰:"嗟乎!夫造物者又将以予为此拘拘也!"

子祀曰:"女恶之乎?"

曰:"亡,予何恶!浸假而化予之左臂以为鸡,予因以求时夜;浸假而化予之右臂以为弹,予因以求鸮炙;浸假而化予之尻以为轮,以神为马,予因以乘之,岂更驾哉!且夫得者,时也,失者,顺也;安时而处顺,哀乐不能入也。此古之所谓县解也,而不能自解者,物有结之。且夫物不胜天久矣,吾又何恶焉!"

《庄子·大宗师》[1]

对于此处引文,胡适批评其最能反映庄子达观世间万物,认同一切皆由命运决定的"达观主义"。之所以这么说,是因为胡适认为"达观主义"只能孕育出"乐天安命"的小人。与之相对,冯友兰则认为此处讲的是"以理化情","遇事不动感情,不为所束缚",如此则能"得到'人之自由'"(冯友兰《中国哲学史》,第295页),说这是庄子的"神秘主义"。

这两种解释,从不同的角度,想要接近《庄子》的核心。然而,两者似乎均未能看出,这就是"物化"的终极。那么,这里的"物化",想要告诉我们什么呢?

首先要说明的是,此处引文所言,既非梦想,亦非幻想。比如,让我们试想一下现实中人类的"化"。这既是指人类因卵子

---

[1] 作者原译:忽然子舆生病了。子祀去探望他,子舆说:"太伟大了,造物主把我压得如此这般。背直不起来,五脏在上面,下巴在肚脐下,肩比头还要高,发髻直指着天。阴阳之气,全乱套了。"子舆的心,平静而不慌乱,踉踉跄跄地走到了水井边。看着井水里自己的倒影,他说:"哎呀,造物主把我压得如此这般。"子祀说:"你憎恨它吗?"子舆说:……(余下译文见本书第57页注[1])。

与精子的结合而得到生命，分化为各个器官，从婴儿、儿童走向成人的种种变化，也是指为男为女，衰老死亡的变化。真实，实际上就是日常的变化。但是，虽然如此，我们却没有充分掌握能够描述这种现实变化的语言。我们所掌握的，不过是"出生是什么""孩童是什么""男人是什么""女人是什么"，这种"什么是什么"的询问本质的言说。而变化这一真实，则从询问本质的言说中滑落出去。

结合引文的"物化"描写来讲，胳臂（"臂"）、屁股（"尻"）、或是心脏（"心"），是我们可以从实体上把握的。然而，所谓的实体，究竟指的是什么？从"化"的一侧来看，实体不过是"化"的运动速度变慢后的，具有某种程度的恒定性与持续性的状态。我们把"化"封入自身能够测量的尺度之中，并称之为实体。

那么，就像为听清鸟鸣，改变磁带的播放速度的武满彻一样，如果改变我们的测量尺度，则会怎样呢？届时，我们应该可以捕捉到由更高速度所构成的"化"，也可以说捕捉到了更微观（比如分子）的运动吧。如此，我们才最终认识到，实体上的存在状态，是因持续变化的运动偶然在某一方向上有序行进而得以成立的。反过来说，持续变化的运动，如果对其方向稍加改变，那么其实体上的存在状态，也将会有根本上的变化。

引文所描述的"物化"，学者一般将其解释为天生的畸形、异常。然而，《庄子》此处颇具想象力的描写，其意图并不是将"物化"简单地归类为畸形、异常，而是在左臂即是左臂的同时，把"物化"重新放置在"化"的运动中，通过对既定结构的自由变化,揭示出化鸡告时的可能。

此处《庄子》的想象,与前述能手、真人、圣人,为了变为他物而付出的努力一样,通过让自我变为他物,从而使其他事物也被卷入到这一"运动"之中,进而发生变化。于是,"这个世界"自身也将随之而变。

如果是吉尔·德勒兹的话,或许会把其称为"恶魔般的真实性"(吉尔·德勒兹、菲利克斯·加塔利《千高原》,第291页)[1]。即从生成变化[2]这一速度的相来看,我们的真实性并非单一的、平面的,而是由无序、无从预知的聚合分离运动所构成的。而作为生成变化的思想家的德勒兹,庄子般的"物化"正好占据着其中国论的核心。

世界自身发生生成变化,我们变为了"全体"——吉尔·德勒兹

关于中国人,德勒兹曾有以下论说:

穿过墙壁,或许中国人能够做到。但他们是怎样做到的?<u>通过变为动物,变为花或岩石,甚至变为不可思议的不可知觉之物,变为与爱浑然一体的坚硬之物</u>。这是一个速度的问题,即使当下原地不动地去尝试穿过墙壁。……当然,这里必须利用艺术,而且是最为高超艺术的所有源泉。所有的书写性的线,所有的绘画性的线,所有的音乐性的线,均是必需的……因为,

---

[1] 作者所用为宇野邦一等人所译日文本,今据之译出。中译本参见姜宇辉译《资本主义与精神分裂(卷2):千高原》,上海书店出版社,2010年,第356页。
[2] 生成变化,即法语"devenir"的译语。

人是通过书写变为动物,通过色彩变为不可知觉之物,通过音乐变为坚硬的没有记忆的——同时是动物也是不可知觉之物的——心爱者。

《千高原》,第213页

为什么中国人可以穿过墙壁呢?这是因为中国人能变化为他物。中国人可以变为动物,变为花与岩石,甚至变为不可感知之物。正是通过这种变化,中国人可以穿过连基督也无法穿过的墙壁。德勒兹将其生成变化思想的具体形象,寄托在了中国人的身上。

那么,对于德勒兹来说,生成变化为他物,具体是怎样的?这并不是模仿他物,因为要成为他物,必须在保持自己本身的同时,在分子层面上,对其结构加以改变:

在某部电影的场面中,演员德尼罗试着"像"螃蟹一样行走。不过,据其本人所言,这并不是对螃蟹的模仿,而是试图将画面,或者说画面的速度,与和螃蟹相关的"某种事物"组合在一起。对我们来说,关键之处正在于此。即仅限于使用某种手段或要素,释放出某种能进入动物粒子中所特有的动静关系的微粒子,或者说,只有当释放出能够进入动物的分子邻近区域的微粒子,人类才能"变为"动物。而为了"变为"动物,自己本身也必须变成分子。这不是说变为能像狗一样汪汪叫的摩尔状态的狗,而是像狗一样汪汪叫的同时,且具有充分的热情、必然性、结构的话，则可以释放出分子状态的狗。人类更换自己所属的摩尔状态的物种，并不是变成狼，也不是变成吸血鬼。吸血鬼和狼人，都是人类的生成变化。也就是说，由多个分子所构成的事物，其分子之间处于一种邻近的状态，是被释放出的粒子间的动与静、快与慢的关系。……

是的，所有的生成变化均是分子状态的。我们变为动物、花、岩石，这种现象是分子状态的集合体，是"此性"，而不是我们人类由外部所认识的，运用经验、知识、习惯才能知道的摩尔状态的主体或客体。

《千高原》，第316—317页

这里以更加易懂的形式，解释了前述《庄子》的想象。人变为动物、花、岩石，这并非在实体层面的"更换摩尔状态的物种"，而是为了变为"分子状态"的动物、花、岩石，让自身的结构发生变化。既然是"被释放出的粒子间的动与静、快与慢的关系"，则可以说是在微分的维度，或是加速度的维度，让自身发生变化。

不过，要达到这种变化，德勒兹说，"某种手段或要素"或"充分的热情、必然性、结构"是必需的。拿德尼罗来说，这指的就是他卓越的表演技术。那么，中国人又指的是什么呢？德勒兹在叙述能穿过墙壁的中国人时，已经称赞了这种"技术＝艺术"，这就是"线"的"技术＝艺术"。变为动物，变为不可知觉之物这种变为他物的变化，是通过线来完成的。此处德勒兹所说的，是下述这样的线：

> 如同程抱一所揭示的那样，文人画家并不追求相似，也不计较"几何学上的比例分配"。文人画家只是将构成自然本质的线与运动抽出，一心埋头于延长、叠加这些"线条"。正是在这个意义上，变为寻常之物，让"全体"发生生成变化，可以说是呈现出世界的面貌，创造出一个或多个世界，也就是发现邻近的区域，发现难以识别的区域。作为具体配置的个别世界，使作为抽象机器的宇宙得以实现。连接、延长其他的线，与其他的线相结合，如此，我们把自身压缩为一条或多条抽象线，最终不需经过其他媒介，直接生产出<u>一个</u>世界。于是，世界<u>自身</u>发生生成变化，我们变为了"全体"。
>
> 《千高原》，第323页

所谓的线，即奔跑于微分维度的抽象线。为了简省繁杂而被发明的抽象线，正是对自身的"压缩"。于是，作为abstractiō（"抽象"的拉丁文）的"共鸣"，抽象线将这一意义抽出，并盗为己物。由于我们变为了抽象线，因而最终变为了动物、花、岩石。至此，我们终于明白，原来德勒兹是把掌握线的"技术＝艺术"的人，称为"中国人"。

此处引用还告诉我们一件重要之事，即转换为他物的生成变化，并非孤立的现象。德勒兹强调，当"我"变化为他物的同时，他物也将随之变化为别的事物：

画家、音乐家不是在模仿动物。画家、音乐家在"变为"动物的同时,动物也与大自然达成了最为和谐的关系,"变为"了自己想要成为的事物。生成变化始终是成对而起的,"变化"的对象与发生"变化"的当事人一样,实现了生成变化。正因如此,所以产生了本质上流动不止的、永不均衡的区块。

《千高原》,第 350 页

在"生成变化"之中,某一邻近(亲近)事物发生变化,其他的邻近(亲近)事物也会独立地发生变化。而最终,即如前引所示,这个世界自身也会发生深刻的变化。"世界自身发生生成变化,我们变为了'全体'"。

像德勒兹这样的"生成变化",与《庄子》的"物化"构成了绝妙的呼应。两者均是通过朝向他物的变化,对这个世界最根本上的变化进行着终极的想象。

告 时

那么,变化后的这个世界(德勒兹用"革命"一词来形容)是怎样的世界?一言以蔽之,即活在别的时间里的世界。这种时间,区别于时间序列上(chronologic)所能测量的时间,可以说是"为此则不知彼"(郭象注)的"为此"的时间。借用德勒兹的话来说,这是与"Chronos"不同的"Aiôn"的时间:

因为不定式的动词,最能体现 Aiôn 中固有的无序流动的时间。与其他所有语气中为了把握时间而产生的时间顺序上的、时间测量上的数值无关,这是明示相对的快与慢的——纯粹的"事件"或生成变化的时间。因此,我们可以将生成变化的样态(语气)及时间(时态)的不定式,与指示"Chronos"的所有样态(语气)及时间(时态)对立起来。"Chronos"即由存在(……是……)的脉动及数值所不断形成的。

《千高原》,第 304 页

"Aiôn"在希腊语中有永久、永远的意思,这种"别的时间",并非以现在的先后顺序,排列过去(已经逝去的现在)、未来(将要来临的现在)的时间序列(chronologic)的时间。这是作为由亲近而成立的"这个事物",即"这个我",所要求的"为此"的时间。这一时间,不可能还原至眼下的现在,因为其为"生成变化的时间"。

德勒兹说,定冠词所指示的具有固有性的个体性,需要用时间序列(chronologic)的语气或时态。但与之不同,不定冠词所指示的"这个事物"的个体性,由于是在变化这一运动中作为不定的"这个"而成立,因此需要由不定式时态所表现的时间。而这即是事情所产生的、生成变化的 moment(力矩 = 机会 = 时间)。

让我们回到《庄子》。在"物化"的终极,鸡将告时。而其所告之时,并不是可以测量的时间。因为在变化为鸡的时间点上,世界正在变化为由别的时间所构成的世界。在那个世界中天籁、地籁、人籁鸣荡其间。仿佛贯穿其间的,是电光一闪的鸡鸣,作为生成变化的声音,宣告着新时间的到来。而"为此"的时间,究竟是什么呢?这就是从天所解放出来的时间。让我们再读一下这段引文:

子祀曰:"女恶之乎?"

曰:"亡,予何恶!浸假而化予之左臂以为鸡,予因以求时夜;浸假而化予之右臂以为弹,予因以求鸮炙;浸假而化予之尻以为轮,以神为马,予因以乘之,岂更驾哉!且夫得者,时也,失者,顺也;安时而处顺,哀乐不能入也。此古之所谓县解也,而不能自解者,物有结之。且夫物不胜天久矣,吾又何恶焉!"

《庄子·大宗师》

在"物化"的终极,被《庄子》所提到的是"古之所谓县解"。"县解"一词,又见于《庄子·养生主》:

适来,夫子时也;适去,夫子顺也。安时而处顺,哀乐不能入也,古者谓是帝之县解。

两处引文的论旨基本相同,而此处说的是来自"帝"(上帝、天)的束缚。"县",其意为"吊挂",因而所谓的"县解",指被天所吊挂的人类,从天的束缚中得到解脱。对此,郭象解释道:

"县解而性命之情得矣。此养生之要也。"总而言之,在"物化"的终极,与物的一切联结被解开,"这个我"得到了完全的自由,从而可以享受此生。

这一自由,与冯友兰所说的"遇事不动感情,不为所束缚",有所不同;也与福永光司所说的(同时也是胡适所批评的)"当我们勇敢肯定一切处境都是自己被赋予的处境之时,才真正拥有了自由的人类生活",略有差异。这是"物化"让我们窥见的自由,是物的一切联结被解开,在被动的方式下,"这个我"被一切可能发生的事情所开启的自由。

没有道德的自由

为了更加清晰地解释这种自由,最后且让我再引用一则《大宗师》的文字:

> 颜回问仲尼曰:"孟孙才,其母死,哭泣无涕,中心不戚,居丧不哀。无是三者,以善处丧盖鲁国。固有无其实而得其名者乎?回壹怪之。"
> 仲尼曰:"夫孟孙氏尽之矣,进于知矣。唯简之而不得,夫已有所简矣。孟孙氏不知所以生,不知所以死;不知就先,不知就后;若化为物,以待其所不知之化已乎!且方将化,恶知不化哉?方将不化,恶知已化哉?吾特与汝,其梦未始觉者邪!"

在中国思想中,如何为亲人服丧一直是论争的焦点,特别是对于儒家而言。然而,《庄子》此处却让孔子与颜回登场,称赞了孟孙才缺少悲伤及真诚的服丧。孟孙才为何值得称赞?因为他"不知所以生,不知所以死","待其所不知之化"。

这既不是把死当成事物发展过程的理智的思考,也不是通晓世间一切之后从容面对死亡的旷达。孟孙才身上所体现的,是不能转化为能动性的极端被动性。这是一种不预先掌握未来,只是把未来视为未知,等待其来临的状态。而这也是不知道过去的由来,只是把过去视为未知的状态。

同时,这也是对用理智掌握事情的抵抗。"此时"的意义,无法通过联结"chronos"式的过去和未来而掌握。这里存在的是,一种从价值判断中解放出来的自由。但在另一方面,这也是道德阙如的自由。之所以这么说,是由于以下原因:这一自由尽管对于未知的未来是开放的,但对于那些过去发生的,亦即无法抹消的事情,由于已经舍弃了事情的过去性,因而全然不存在对过去负责的契机。在《庄子》中,并没有在道德上对暴力(被掳走的丽姬,或是死亡)进行反问的场面。

在思考过去与未来的非对称性之时,《庄子》所设想的自由,不过是伴随着未知未来的到来,而开启的自由。而对于过去发生的事情,则不加理睬。正因如此,胡适与冯友兰对《庄子》截然相反的解释,即对现状无限肯定的"达观主义"与赞扬具有某种智慧的"人之自由",两者可以同时成立。

这也许就是《庄子》之毒,"物化"思想的极限。因为这是

"此时"的思想，不能处理"彼时"。因此，我们或许可以将其称为没有道德的自由。尽管如此，"物化"的思想，是向着未来开放自我，押注于"这个世界"自身变化的思想。这不禁让我们想起，借由斯宾诺莎，德勒兹将这种思想称为"快乐的伦理"。道德对过去之事感到悲伤，伦理对未来之事感到快乐。那么，在《庄子》之中，作为问题的，应是远离悲伤的道德，迈向快乐的伦理——这种自由。

如何评价这种自由？这一问题已被托付给了作为读者的我们。但是，这绝非只是《庄子》这一古书所留给我们的问题。1995年11月4日，对"生"竭力肯定的哲学家，在他从窗户纵身一跃的"此时"，其人已是翩翩飞舞的蝴蝶。[1] 于是，死，应当不再是恶。这是极限，抑或是高贵？在细细思考两者的同时，且让我把那撕破长夜的话，记在最后：

化鸡告时。

---

[1] 1995年11月4日，吉尔·德勒兹在巴黎十七区寓所跳窗自杀，享年70岁。——编注

跋

关于《庄子》,我一直想有一个系统性的总结。虽然以《庄子》某个部分为题,至今已写了不少文章,却未能对全书进行整体的考察。因而当我得到丛书撰稿邀请的时候,实在是喜出望外。

最初,我并未想到完成全书的写作会是如此吃力。因为在我心中,已有一个属于自己的清晰明快的《庄子》。然而,因为卷入最近大学环境的骤变之中,未能像预期一样确保写作的时间,所以当我回过神时,书稿已被放置了数月之久。尽管如此,进展缓慢的真正原因,主要在于《庄子》。我不得不反复钻研其难解的文本,不得不对其加以重新思考,进而修正我心中的《庄子》。

不过,写作本书,是一个非常愉快的体验。在第一部分,为了寻求讨论《庄子》的理论框架,追寻了古今东西学者们,与《庄子》角力的足迹,可以看出无论是谁,都拼尽全力,试图接近《庄子》。特别是欧美圈的《庄子》解读,之前接触并不太多,借着这次机会有了更深的了解,写作时对其研究手法及问题意识参考颇多。但遗憾的是,由于自身能力所限,本书未能涉及德语圈及韩语圈的《庄子》解读。

在第二部分，我试着把我心中的《庄子》展现给大家。关于语言及他者的问题系，已按着我的理解加以论述，而让我对《庄子》进行重新思考的，则是"物化"的问题。大多数的议论，由于将"齐同"置于《庄子》思想的中心位置，因而对"物化"的理解也有所偏差，认为"物化"是证明事物并无差别的概念。最初，我也是这样理解"物化"的。但是，在解读文本的过程中，忽然觉得"物化"才是《庄子》思想的中心，在此之上，才能真正理解"齐同"。如果这一思考是正确的，我想这样的解读可以让《庄子》恢复活力。这种活力，不是胡适所说，站在"爱拂儿塔"上居高临下地看待万物，而是依靠事物的生成变化，试图从中窥见世界的秘密。我的解释是否恰当，最终只能留待读者的判断。不过，希望读者借由本书，能看到《庄子》"物化"中存在着上述解读的可能性，并通过与之相似的吉尔·德勒兹的思想，看到"物化"与当代哲学课题的紧密联系。

而本书的写作得力于前贤研究之处甚多。虽然书中也有我自己的批判性解读，但如果没有前贤研究的积淀与开拓，这显然是不可能的。在此向前贤们表示感谢。学问虽然是孤独之事，但在孤独的深处，若能有得于前贤之志，则是对于我的莫大安慰。

同时，还必须要感谢的是策划本书的三位编辑：杉田守康、山本贤、奈良林爱。通过电邮、电话、书信，甚至亲临笔者研究室，三位编辑默默地支持着迟迟未能交稿的我。由于笔者的原因，让编辑们苦等了那么长的时间，实在是深感抱歉。

另外,还有许许多多的人,支持我走过了这段绝非平坦的时期。在此虽然不能一一致谢,但在出版之后,请让我将本书赠呈与您。

中岛隆博

2008 年 12 月

参考文献

《庄子》的底本

1.《庄子集释》(全四册)，郭庆藩撰，王孝鱼点校，中华书局，《新编诸子集成》，1961年。

如要研读《庄子》原文，推荐使用中华书局本。其书校订精详，且施有现代标点，便于阅读，并且所收的众多注释，排列有序，简单易明。

《庄子》的翻译及解说

2. 市川安司、遠藤哲夫『荘子』上下，明治書院，新釈漢文大系，1966年、1967年。

3. 森三樹三郎『荘子』，小川環樹責任編集『老子 荘子』，中央公論社，世界の名著，1968年。

4. 金谷治『荘子』全四冊，岩波文庫，1971—1983年。

5. 赤塚忠『荘子』上下，集英社，全釈漢文大系，1974年，1977年。

6. 福永光司『荘子』内篇、外篇上中下、雑篇上下、朝日新聞社，1978年。

7. 森三樹三郎『老子・荘子』，講談社，人類の知的遺産，1978年。

8. 池田知久『荘子』上下，学習研究社，中国の古典，1983年、1986年。

9. 野村茂夫『老子・荘子』，角川書店，鑑賞中国の古典，1988年。

10. Burton Watson, *The Complete Works of Chuang Tzu*, Columbia University Press, 1964, 1996.〔华兹生《庄子全集》〕

《庄子》的翻译，如果把节译或摘译也包含进去的话，数量实在太多，难以全部囊括，因而此处列举的是以丛书及文库本为主的较为易得的版本。

其中大放异彩的是福永光司《庄子》一书。其书不只是翻译及解说，还有身为奇才的福永氏，对庄子这一"中华民族所孕育的奇才"的追寻。另外，池田知久的《庄子》，利用了不少郭象、成玄英以后的新注，在这一点上可以说十分重要。

至于英语圈的《庄子》翻译，详见正文，在此不做赘述，仅以华兹生的翻译作为补充。

序　言

11. 湯川秀樹『湯川秀樹著作集　六　読書と思索』，岩波書店,1989年。

第一部分 书籍的旅程——《庄子》的古今东西
第一章 《庄子》的系谱学

12. 池田知久『老荘思想』,放送大学教育振興会,1996年。

13. 加地伸行編『老荘思想を学ぶ人のために』,世界思想社,1997年。〔加地伸行编《老庄思想指南》〕

14. Anne Cheng, *Histoire de la pensée chinoise*, Seuil, 1997.〔程艾兰《中国思想史》〕

15. A. C. Graham, *Disputers of the Tao: Philosophical Argument in Ancient China*, Open Court, 1989.[1]

其中于对读者而言,最为便利的是加地伸行所编的《老庄思想指南》。本书只引用了泽田多喜男《老庄其人与其书》(「老荘の人と書物」)一文,除此之外,书中还收入了老庄的文献学研究、老庄与其他思想的比较研究。并且,该书还有翔实的文献介绍,可以给读者不少值得参考的线索。

另外,程艾兰的《中国思想史》是继冯友兰英文版《中国哲学史》之后,第一部以西文著述的中国哲学史通史,较好地搜罗了《庄子》的最新研究成果。

第二章 中国思想史中的《庄子》解读——近代以前

16. 杨国荣《庄子的思想世界》,北京大学出版社,2006年。

---

[1] 本书所用中译本:葛瑞汉著,张海晏译《论道者——中国古代哲学论辩》,中国社会科学出版社,2003年。

17. 福永光司『魏晋思想史研究』,岩波書店,2005年。

18. 森三樹三郎『老荘と仏教』,法蔵館,1986年。

19. 坂出祥伸編『「道教」の大事典』,新人物往来社,1994年。

20. 横手裕『中国道教の展開』,山川出版社,2008年。

21. 中島隆蔵「成玄英の『一中』思想とその周辺」,平井俊栄監修『三論教学の研究』,春秋社,1990年。〔中岛隆藏《成玄英的"一中"思想及其周边》〕

22. 葛洪『抱朴子・内篇』,本田済訳,平凡社,1990年。

23. 酒井忠夫・福井文雅「道教とは何か」,福井康順他監修『道教 第一巻 道教とは何か』,平河出版社,1983年。〔酒井忠夫、福井文雅《道教是什么》〕

24. 陳仲奇「道教神仙説の成立について」,『総合政策論叢』第1号,島根県立大学総合政策学会,2001年。〔陈仲奇《道教神仙说的成立》〕

现今中文圈的《庄子》研究,可以说数不胜数,而本书所选的是杨国荣《庄子的思想世界》一书。这是因为,其书能够充分利用中国的传统注释,并对现代哲学的问题系有所关注,在此之上,重新对《庄子》进行了讨论。作为新的解读方向,该书值得一读。

在与道教的关系之中,如何定位《庄子》是一个重要的课题。其实,由于道教这一概念的外延与内包未有定论,因而这一研究并非易事。关于道教，横手裕《中国道教的展开》是简明易懂且又易携的一册。

在解读中将《庄子》与佛教紧密结合在一起的是，森三树三郎的《老庄与佛教》。森氏可以说是日本近代《庄子》解读的一座高峰，其充满哲学思辨的《庄子》论，希望读者能够一读。

第三章　近代中国哲学与《庄子》——胡适与冯友兰

25. 胡适《中国哲学史大纲·卷上》，《胡适学术文集：中国哲学史》(上下册)，中华书局，1991年。

26. 冯友兰《中国哲学史》(上下册)，中华书局，1961年。

27. Gilles Deleuze, Spinoza: Philosophie pratique, Minuit, 1981.〔スピノザ『エチカ』(上、下)，畠山尚志訳，岩波文庫，1975年〕[1]

28. Gilles Deleuze, Spinoza: Philosophie pratique, Minuit, 1981.〔ジル・ドゥルーズ『スピノザ——実践の哲学』，鈴木雅大訳，平凡社，1994年〕[2]

29.《鲁迅全集》(全16卷)，人民文学出版社，1981年。

30. 木山英雄「荘周韓非の毒」，『一橋論叢』第69卷，第4号，1973年。

关于近代中国的《庄子》解读，除了此处所举的胡适、冯友兰、鲁迅以外，还有章炳麟《齐物论释》。由于几乎没有论及"物化"，故本书不得不割爱。所幸的是，数位年轻学者一直在研

---

[1] 本书所用中译本：斯宾诺莎著，贺麟译《伦理学》，商务印书馆，1983年。
[2] 本书所用中译本：德勒兹著，冯炳昆译《斯宾诺莎的实践哲学》，商务印书馆，2004年。

究章炳麟的《庄子》论，期待他们今后的成果。

第四章　欧美的《庄子》解读

31. Henri Maspero, *Le Taoïsme, Mélanges posthumes sur les religions et l'histoire de la Chine*; 2, Publications du Musée Guimet, Bibliothèque de diffusion, t. 58, 1950.[1]

32. Isabelle Robinet, *Histoire du taoïsme: des origines au XIVe siècle*, Cerf, 1991.〔贺碧来《道教史——从起源到14世纪》〕

33. Jean-François Billeter, *Leçons sur Tchouang-Tseu*, Allia, 2002.[2]

34. Jean-François Billeter, *Études sur Tchouang-Tseu*, Allia, 2004, 2006.〔毕来德《庄子研究》〕

35. Xiaogan Liu, *Classifying the Zhuangzi Chapters*, University of Michigan, 1994.〔刘笑敢《〈庄子〉篇章分类》〕

36. A. C. Graham, *Chuang-Tzǔ: The InnerChapter*, Hackett, Publishing, Company, 1981, 1986, 1989, 2001.〔葛瑞汉《庄子·内篇》〕

37. Youru Wang, *Linguistic Strategies in Daoist Zhuangzi and Chan Buddhism: The Other Way of Speaking*, Routledge Curzon, 2003.〔王又如《道家庄子与禅宗佛教的语言策略——另一种言说方式》〕

38. Victor H. Mair (edited), *Experimental Essays on Chuang-tzu*, University of Hawaii Press, 1983.〔梅维恒编《庄子的实验性论文集》〕

---

[1] 本书所用中译本：马伯乐著，胡锐译《马伯乐道教学术论著》，宗教文化出版社，2019年。
[2] 本书所用中译本：毕来德著，宋刚译《庄子四讲》，中华书局，2009年。

39. Paul Kjellberg and Philip J. Ivanhoe(edited), *Essays on Skepticism, Relativism, and Ethics in the Zhuangzi*, State University of New York Press, 1996.〔乔柏客、艾文贺编《〈庄子〉怀疑主义、相对主义、伦理学论文集》〕

40. Roger T. Ames(edited), *Wandering at Ease in the Zhuangzi*, State University of New York Press, 1988.〔安乐哲编《逍遥游于〈庄子〉》〕

41. Scott Cook(edited), *Hiding the World in the World: Uneven Discourses on the Zhuangzi*, State University of New York Press, 2003.〔顾史考编《藏天下于天下——关于〈庄子〉的非齐同的论说》〕

欧美圈的研究可谓汗牛充栋,如果只选两种的话,我会选毕来德《庄子四讲》与王又如《道家庄子与禅宗佛教的语言策略——另一种言说方式》。前者是继《庄子研究》之后,毕来德的又一著作,可以让我们了解如何以哲学的方式来解读《庄子》。而后者则是继葛瑞汉《庄子·内篇》之后,摸索如何以新方法来解读《庄子》。其实我从王又如的博士论文(与其书内容基本相同)已开始追踪其研究,因而就个人而言,对之有着较深的思考。

第二部分 畅游作品世界——以物化的核心为主线
第五章 《庄子》的语言思想——共鸣的口说

42. 中島隆博『残響の中国哲学——言語と政治』,東京大

学出版会，2007年。〔中岛隆博《余响中的中国哲学——语言与政治》〕

43. 堀池信夫『漢魏思想史研究』，明治書院，1988年。

44. Alphonso Lingis, *The Community of Those Who Have Nothing in Common*, Indiana University Press, 1994.〔阿方索·林吉斯《毫无共同之处的人们的共同体》〕

45. 武満徹『武満徹　エッセイ選——言葉の海へ』，小沼純一編，ちくま学芸文庫，2008年。〔武满彻《武满彻　随笔选》〕

在此举出拙著《余响中的中国哲学——语言与政治》，颇感惶恐，如果读者能够一读，则可以了解《庄子》的语言思想是如何在中国哲学史的脉络中产生的。

阿方索·林吉斯是伊曼纽尔·列维纳斯的主要著作《总体与无限》《在存在之外》二书的英译者，其书告诉我们应该如何思考交流（communication）问题，并开拓了《庄子》解读的视野。

第六章　闻道之法——道在屎尿

46. 福永光司『莊子　古代中国の実存主義』，中公新書、中公新书。〔福永光司《庄子：古代中国的存在主义》〕

47. 陈凯歌导演《孩子王》，西安电影制片厂，1987年。

48. 阿城『阿城　チャンピオン・他』，立間祥介訳，德間書店，現代中国文学選集8，1989年。[1]

49. Rey Chow, *Primitive Passions: Visuality, Sexuality,*

---

[1] 本书所用中译本：阿城《棋王》，作家出版社，1999年。

Ethnography, and Contemporary Chinese Cinema, Columbia University Press, 1995.[1]

《庄子：古代中国的存在主义》一书，迸发着福永光司对《庄子》的激情。是庄周变成了福永，还是福永变成了庄周？两者似乎已无法区分。该书便是如此痛切地逼近于福永、庄子的存在。此书有着激发读者著作之心的魅力，是只有福永才能写成的独一无二的书。

第七章　物化与齐同——世界自身的变化

50. 森三樹三郎『中国思想を学ぶ人のために』，世界思想社，1985年。〔森三树三郎《中国思想指南》〕

第八章　《庄子》与他者论——鱼之乐的结构

51. 中島隆博「魚の楽しみともう一度語ること——『莊子』秋水篇小考」，『中国哲学研究』第2号，1990年。〔中島隆博《中岛隆博《再谈鱼之乐——〈庄子·秋水〉小考》〕

52. 桑子敏雄「魚の楽しみを知ること｜荘子対分析哲学」，『比較思想研究』第22号，1995年。〔桑子敏雄《知鱼乐——庄子对分析哲学》〕

53. 中村元、福永光司、田村芳朗、今野達、末木文美士編『仏教辞典』第二版，岩波书店，2002年。

---

[1] 本书所用中译本：周蕾著，孙绍谊译《原初的激情：视觉、性欲、民族志与中国当代电影》，远流出版社，2001年。

关于《庄子·秋水》"鱼之乐"的论述，这里所举的是拙论及桑子论文。《再谈鱼之乐》是笔者的少作，而桑子论文则以凝练的文风，指明了"知鱼乐"这一问题的焦点。拙论承蒙桑子论文引用，而本章也可以说是对桑子的回应。

第九章　化鸡告时——从束缚中得到解放

54. Gilles Deleuze and Félix Guattari, *Mille plateaux: Capitalisme et schizophrénie*, Minuit, 1980.[1]

吉尔·德勒兹被认为是现代最像庄子的思想家。我坚信，作为"生"的哲学家，其所提倡的"生成变化"与《庄子》的"物化"之间有着难以动摇的联系。本章即是基于这种观点而展开，而读者若能与德勒兹、加塔利合著的《千高原》一同参看的话，应当能更好地理解笔者心中所构想的《庄子》。

---

[1] 本书所用中译本：德勒兹、加塔利著，姜宇辉译《资本主义与精神分裂（卷2）：千高原》，上海书店出版社，2010年。

《庄子》篇名一览

内篇

逍遥游
齐物论
养生主
人间世
德充符
大宗师
应帝王

外篇

骈拇
马蹄
胠箧
在宥
天地
天道
天运
刻意
缮性
秋水
至乐
达生
山木
田子方
知北游

杂篇

庚桑楚
徐无鬼
则阳
外物
寓言
让王
盗跖
说剑
渔父
列御寇
天下